思维素养导向的小学科学课堂项目化学习

SIWEI SUYANG DAOXIANG DE XIAOXUE KEXUE KETANG XIANGMU HUA XUEXI

李松叶 ◎ 著

中国出版集团　现代出版社

图书在版编目（CIP）数据

思维素养导向的小学科学课堂项目化学习 / 李松叶著. -- 北京：现代出版社，2024.1
ISBN 978-7-5231-0755-3

Ⅰ．①思… Ⅱ．①李… Ⅲ．①课堂教学－教学研究－小学 Ⅳ．①G622.421

中国国家版本馆CIP数据核字(2024)第007071号

著　　者	李松叶　著
责任编辑	袁　涛

出 版 人	乔先彪
出版发行	现代出版社
地　　址	北京市安定门外安华里504号
邮政编码	100011
电　　话	(010) 64267325
传　　真	(010) 64245264
网　　址	www.1980xd.com
印　　刷	北京建宏印刷有限公司
开　　本	889mm×1194mm　1/16
印　　张	12.75
字　　数	106千字
版　　次	2024年2月第1版　2024年2月第1次印刷
书　　号	ISBN 978-7-5231-0755-3
定　　价	98.00元

版权所有，翻印必究；未经许可，不得转载

目录

前言

第一章　思维素养与小学科学学科核心素养

　　什么是思维？　　　　　　　　　　　　　　003
　　一、核心素养中的思维素养　　　　　　　　005
　　二、学习素养中的思维素养　　　　　　　　013
　　三、学科素养中的思维素养　　　　　　　　017

第二章　小学科学学科核心素养与项目化学习

　　项目化学习（PBL）内涵　　　　　　　　　023
　　一、思维素养与项目化学习　　　　　　　　025
　　二、科学学科项目化学习优势　　　　　　　034
　　三、项目化学习现状　　　　　　　　　　　037
　　四、基础课程课堂项目化学习　　　　　　　041

第三章　用课时微项目建构单元大概念

　　一、教学设计理念　　　　　　　　　　　　047

二、教学设计流程　　052
　　三、教学设计模式　　058

第四章　教学设计实施案例
　　一、单元项目任务群设计　　063
　　二、课时微项目设计　　066
　　三、专项设计案例　　088

参考文献　　159

后　记　　161

附：课题组成员论文成果　　163

前言

让项目化学习走进基础课程课堂教学

2016年9月,中国学生发展核心素养总体框架正式发布。基础教育课程改革正式迈入核心素养的新时代。

2019年6月23日,中共中央、国务院发布《关于深化教育教学改革全面提高教育教学质量的意见》指出:要优化教学方式。注重启发式、互动式、探究式教学。融合运用传统与现代教学手段,重视情境教学,探索基于学科的课程综合化教学,开展研究型、项目化、合作式学习。基于学科的项目化学习引起教师高度关注。

2022年4月21日《义务教育小学科学课程标准》正式颁布。核心素养走进中小学课程。《国家基础教育课程改革纲要》提出的"改变课程实施过于强调接受学习、死记硬背、机械训练的现状,倡导学生主动参与、乐于探究、勤于动手,培养学生收集和处理信息的能力、获取新知识的能力、分析和解决问题的能力,以及交流和合作的能力"的改革目标开始落到实处。

项目化学习方式越来越受到大家重视。在教学价值观上,项目化学习主张发展性教学价值观,强调发展学生学习素养。在学习观上,项目化学习倡导学生学习的广度和深度,强调教育涵养、深度理解、能力转化,突出课程的文化意义。在教学方式上,项目化学习强调任务导向、问题导向、成果导向,突出在实际或模拟情境中解决具体问题。在教学评价上,项目化学习强调过程监测、诊断,突出学习意义、学习效能、学习成果评价。

什么是思维素养?思维素养与小学科学学科核心素养是什么关系?科学学科教学目标是怎样一步步走向核心素养的?什么是基础课程课堂项目化学习?基础课程课堂项目化学习与学科项目化学习是什么关系?基础课程课堂项目化学习的理念是什么?教学设计的程序和路径是什么?这些都是一线教师最为关心的问题。

针对这些问题,本书试图从理论与实践相结合的角度做出回应。本书包括四个主题:(1)思维素养与小学科学学科核心素养。(2)小学科学学科核心素养与项目化学习。(3)用课时微项目建构单元大概念。(4)教学设计实施案例。

第一个主题"思维素养与小学科学学科核心素养"系统梳理小学科学教学目标的发展过程,深入阐述思维素养与小学科学核心素养的相互关系。本主题是全书的方向和目标。

第二个主题"小学科学学科核心素养与项目化学习"集中阐述项目化学习的形式、现状和小学科学课堂项目化学习的样式及意义。解决"为什么要在基础课程小学科学课堂教学中开展项目化学习"这一问题。本主题是全书的基础和关键。

第三个主题"用课时微项目建构单元大概念"重点阐述小学科学课堂项目化学习设计的理念、路径,详细分析让思维素养落地课堂的基本策略。解决"怎样在基础课程小学科学课堂教学中开展项目化学习"的问题。本主题是全书的重心和落脚点。

第四个主题是"教学设计实施案例",展示从单元大概念任务群到课时微项目设计的具体形式、过程和策略,案例既有单元的整体设计,也有针对不同项目成果特点的专项设计。本主题是全书的理论实践。

本书的编写力求简明扼要,突出实践应用,结合系统课例,深入剖析提炼,力争对一线科学教师在课堂项目化学习的理论学习和策略运用提供借鉴。

第一章 思维素养与小学科学学科核心素养

什么是思维？

美国教育家约翰·杜威在《我们怎样思维》一书中指出：思维起源于某种疑惑、迷乱或怀疑。有了疑难的状态，有了类似情境的经验，才能根据某种征象或某种证据得出自己的信念。思维由某种事物作为诱因而发生，凡是脑子里想到的，都可以说是思维，它可以是自己并未直接见到、听到、嗅到、接触到的事物的想法。这种思维有两种情形：一是没有充分的批判，没有对结论的衡量，放弃或削减了研究、探究的行动。这种思维不具备教育的意义。二是用心搜寻证据，确信证据充足，心甘情愿忍受疑难的困惑，不辞劳苦进行探究，最终形成信念。这才是具有教育意义的反省思维。

反省思维包括引起思维的怀疑、踌躇、困惑和心智上的困难等状态；寻找、搜索和探究的活动，求得解决疑难、处理困惑的实际方法。在反省思维中，居于持续和主导地位的因素是解决疑惑的需要。也就是需要解决的疑难问题或需要克服的困难。问题的性质决定思维的目的，而思维的目的决定思维的过程。

《现代汉语词典》这样解释思维：在表象、概念的基础上进行分析、综合、判断、推理等认识活动的过程。马克思主义的辩证思维包含六大范畴：现象与本质、内容与形式、结构与功能、原因与结果、偶然性与必然性、现实性与可能性。

唯物辩证法是对事物研究的辩证思维的方法论。发展学生的思维，不是空洞表层的形式要求，而需要以问题为导向，引导学生规范地经历逻辑思维的基本过程，应用逻辑思维的基本形式。

什么是思维素养？思维素养是思维品质和思维方式（思维能力）的综合体现。一个人怎么认识世界，怎么思考问题，集中反映一个人的思维素养。

良好的思维品质包括思维的敏捷性、思维的广阔性、思维的批判性和思维的创新性等方面。

思维有规则、有过程、有形式，从个体角度分析，思维方式表现在个体思维层次（深度）、思维结构（类型）、思维方向（思路）三个方面。

思维能力是最核心、最根本的学习能力。在学习中，思维能力主要表现为解决问题能力。它包括发现问题、提出问题、分析问题、解决问题。《新课标》提出具体要求：掌握分析与综合、比较与分类、抽象与概括、归纳与演绎、联想与想象、重组思维、发散思维、突破定式等基本的思维方法及其在科学领域的具体应用；能基于经验事实抽象概括出理想模型，具有初步的模型理解和模型建构能力；能合理分析与综合判断各种信息、事实和证据，运用证据与推理对研究的问题进行描述、解释和预测，具有初步的推理与论证能力；能对不同观点、结论和方案进行质疑、批判、检验和修正，进而提出创造性见解和方案，具有初步的创新思维能力。

一、核心素养中的思维素养

教育部在《关于全面深化课程改革 落实立德树人根本任务的意见》中，明确把核心素养的内涵界定为"学生应具备的适应终身发展和社会发展需要的必备品格和关键能力"。必备品格表现在自制、公德和责任三个方面，关键能力包括阅读、思考、表达三个方面。其中，思考能力是学生思维素养的集中体现。它不仅是能力中的核心要素，也是其他品格能力形成的重要条件。

2016年9月，中国学生发展核心素养总体框架正式发布。中国学生发展核心素养，以培养"全面发展的人"为核心，分为文化基础、自主发展、社会参与三个维度，综合表现为人文底蕴、科学精神、学会学习、健康生活、责任担当、实践创新六个要素。具体表现为人文积淀、人文情怀、审美情趣、理性思维、批判质疑、勇于探究、乐学善学、勤于反思、信息意识、珍爱生命、健全人格、自我管理、社会责任、国家认同、国际理解、劳动意识、问题

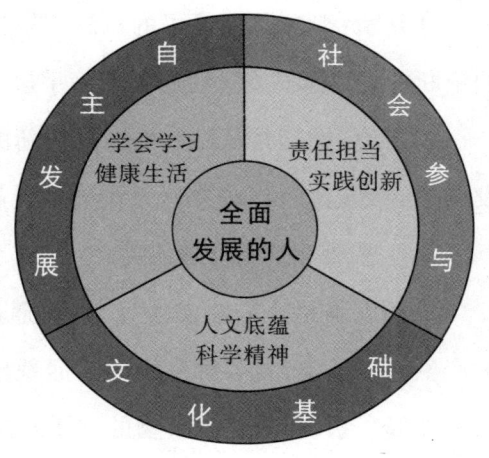

图1-1 中国学生发展核心素养总体框架

解决、技术运用十八个基点。（见图1-1）

以下七个基点是思维素养的集中体现，它涵盖了中国学生发展核心素养总体框架三个维度、三个要素，是核心素养中的核心要素。

1. 理性思维、批判质疑、勇于探究指向文化基础中的科学精神，主要是学生在学习、理解、运用科学知识和技能等方面所形成的价值标准、思维方式和行为表现。

（1）理性思维

理性思维是一种有明确的思维方向，有充分的思维依据，能对事物或问题进行观察、比较、分析、综合、抽象与概括的一种思维。说得简单些，理性思维就是一种建立在证据和逻辑推理基础上的思维方式。

理性思维是人类思维的高级形式，是人们把握客观事物的本质和规律的能力活动。理性思维能力是人区别于动物的各种能力之母。

一般来说，理性思维包括三种形式：

①概念：人们在实践中对客观事物的感性认识大量积累的基础上，抓住事物的本质属性，即抽出事物的本质、全体和内部联系，用一定的物质外壳语词把它标志起来，这就产生了概念（以归纳性、总结性为手段）。

②判断：判断是展开了的概念，是对某一事物内部联系作出肯定与否定的论断的思维形式（以性质判断为手段）。

③推理：推理是从已知判断推出新的判断的思维形式。它能反映出事物发展的必然趋势（以内在联系推导发展趋势为手段）。

理性思维与感性思维的关系：

感性思维是人们在实践过程中，通过自己各种感官产生的感觉在头脑中产生许多印象，对各种事物的表面现象有了初步认识。它只反映事物的现象和外部联系，尚未达到事物的本质和内部联系。

在感性思维的基础上，经过思考的作用，将丰富的感觉材料，加以去粗取精、去伪存真、由此及彼、由表及里的改造制作过程，就会产生一个飞跃，变成由概念、判断和推理阶段反映事物的本质和内部联系的理性思维。

理性思维是与感性思维相对应的思维模式，是一种排除个人感情与喜好的干扰，基于事实和逻辑，有利于增进共识、做出正确判断和明智决定的思维模式。

理性思维与感性思维有性质的不同，但又互相连贯，二者在实践的基础上联系起来。理性思维必须依赖于感性思维，否则就成为无水之源，无本之木。而感性思维必须发展到理性思维，才能更深刻、更正确、更全面地反映客观事物。

（2）批判质疑

批判性思维（Critical Thinking）的起源可以追溯到2500年前的古希腊思想家苏格拉底。他认为，一切知识均从疑难中产生。

苏格拉底的批判性思维实践，被后来众多学者所传承，其中就包括记录其思想的柏拉图、亚里士多德等人。这些学者都强调，人们所看到的东西与事物的本质通常都有很大差别，只有受过专门思维训练的人才能透过虚假的表面看到事物的本质。

批判质疑，科学精神的精髓。

科学发现往往都是挑战已知概念，不可能符合传统逻辑，引起争议和非议是必然的。科学仅仅是人类文明发展中的行为过程，是人类对真理和真相永无止境的追求过程。因此，科学的发展一刻也离不开批判质疑。

质疑是科学精神不可分割的一部分。

笛卡尔说，一切感官获取的知识都是可以怀疑的，唯有怀疑本身不可怀疑。就人类已知和未知的比重而言，真理的海洋仍以神秘姿态示人。合理质疑科学发展中前人的成果，不先入为主地迷信书本和权威，以怀疑的眼光看待事物和已有观点，正是科学的精髓所在、价值所在。

《义务教育小学科学课程标准》(以下简称《新课标》)提出能对不同观点、结论和方案进行质疑、批判、检验和修正,进而提出创造性见解和方案,具有初步的创新思维能力。

当然,质疑本身也需要科学的精神。真理往前走一步就是谬误,过犹不及,"质疑"不等于盲目"怀疑",更不是毫无根据的全面否定。质疑实质是一种批判性思维方式,有助于发现前人科学探索中的缺陷、漏洞以及经不起检验、不完全适用之处等。

质疑需要独立理性的思考。质疑已有理论或成果,是一个不断向自己提出问题并着力解决问题的过程,而非随意向别人提问。质疑他人的同时,也要质疑自己下过的结论,甚至质疑自己的质疑。如是,对以往的成果进行合理扬弃,而非简单"师承",方为质疑应有的科学态度。

(3)勇于探究

2022年4月21日颁布的《新课标》课程理念和课程目标中分别对勇于探究提出以下要求:

课程理念第四条:激发学习动机,加强探究实践

倡导设计学生喜闻乐见的科学活动,创设愉快的教学氛围,保护学生的好奇心,激发学生学习科学的内在动机;突出学生的主体地位,利用学校、家庭、社区的各种资源,创设良好的学习情境,设计适宜的探究问题,引发学生认知冲突,激发积极思维。倡导以探究和实践为主的多样化学习方式,让学生主动参与、动手动脑、积极体验,经历科学探究以及技术与工程实践的过程;重视师生互动和学生互动,引导学生对所学知识和方法进行总结、反思、应用和迁移,促进学生自主学习和合作学习。

课程目标第三条:探究实践

探究实践主要指在了解和探索自然、获得科学知识、解决科学问题,以及技术与工程实践过程中,形成的科学探究能力、技术与工程实践能力和自

主学习能力。科学探究能力体现在：理解科学探究的一般过程和方法；提出科学问题，并针对科学问题进行合理猜想与假设；制订计划并收集证据，分析证据并得出结论；对结果进行解释与评估；准确表达观点，反思探究过程与结果。技术与工程实践能力体现在：了解技术与工程实践的一般过程和方法，针对实际需要明确问题，提出有创意的方案，并根据科学原理或限制条件进行筛选；实施计划，利用工具和材料进行加工制作；根据实际效果进行修改迭代；用自制的简单装置及实物模型验证或展示某些原理、现象和设想。自主学习能力体现在：自主确定学习目标、选择学习策略、监控学习过程、反思学习过程与结果。

2. 乐学善学、勤于反思，指向自主发展中的学会学习，主要是学生在学习意识形成、学习方式方法选择、学习进程评估调控等方面的综合表现。

（4）乐学善学

教学不仅要重视学什么，更要关注学生是否喜欢学，以及是否知道如何学，也就是我们常说的想学和会学的问题，即乐学、善学。

想学的问题，本质上就是学习动力问题。学习动力包括内动力和外动力。内动力主要来自好奇心、成就感和创造性。外动力主要来自外界刺激，分数、压力、奖励、竞争等。有研究表明，学习的外动力越大，内动力就越小；并且外动力很难持久，也不会引发强烈的学习兴趣和愿望。然而，在教学实践中，依靠分数、排名、压力延长时间等外动力刺激学生学习的做法非常普遍。

会学的问题是学习能力的问题，包括学习策略和学习方式，其实想学和会学是相互依存的学习能力问题，想学就会主动研究学习方法，就有成就感，就进一步激发学习动力，所以想学和会学其实就是《新课标》提出的科学学科核心素养中之一的学习态度和能力中的乐学与善学。

2022年义务教育科学新课标首次将乐学善学明确而响亮地正式提了出来，《新课标》在科学精神中明确指出：保持好奇心和探究热情，乐于探究和实践;有基于证据和逻辑发表自己见解的意识,尊重他人的情感和态度,善于合作,乐于分享。其实,乐学善学是当前教育教学改革需要迫切解决的基本问题。

《中国学生发展核心素养》框架中明确指出:"能正确认识和理解学习的价值,具有积极的学习态度和浓厚的学习兴趣;能养成良好的学习习惯,掌握适合自身的学习方法;能自主学习,具有终身学习的意识和能力等。"学不可以已,终身学习的意识才能促进一个人不断成长进步。"乐学"强调的是对学习的兴趣和积极的态度,"善学"强调的是寻找适合自身的学习方法,形成良好的学习习惯。

(5)勤于反思

勤于反思是中国学生发展核心素养之一,它的具体表述为:具有对自己的学习状态进行审视的意识和习惯,善于总结经验;能够根据不同情境和自身实际,选择或调整学习策略和方法等。

人文主义心理学家罗杰斯把自我反思作为学习的方法之一,认为"当学习者自己可以决定评价的准则、学习的目的及达到目的的程度时,他才是真正地学习,并且对自己学习的所有方面负责"。可见,培养学生的自我反思能力不但可行,而且必行。

《新课标》也对勤于反思提出具体要求:引导学生对所学知识和方法进行总结、反思、应用和迁移,促进学生自主学习和合作学习。

3. 问题解决、技术运用,指向社会参与中的实践创新,主要是学生在日常活动、问题解决、适应挑战等方面所形成的实践能力、创新意识和行为表现。

(6)问题解决

《中国学生发展核心素养》框架中明确指出:"善于发现和提出问题,有解决问题的兴趣和热情;能依据特定情境和具体条件,选择制订合理的解决方案;具有在复杂环境中行动的能力等。"提出问题是解决问题的先决条件,但仅仅满足有提出问题是不够的,提出问题的目的是有效解决问题。

问题解决一般是指个体通过应用并超越过去所学规则以产生一个新答案的过程。现代信息加工心理学认为,问题解决是一种以目标定向的搜寻问题空间的认知过程,个体必须对原有知识经验和当前问题的组成成分进行改组、转换或联合,才能达到既定目标。

夏雪梅在《项目化学习设计》中指出:问题解决是一个明确结构不良问题的目标与克服障碍的过程。学生日常学习中面对的往往都是结构良好的问题,都有具体的条件和目标,有比较清晰的解决路径,学生运用现成的方法可以找到答案。

问题解决的心理过程:

①明确问题解决的目标,理解和表征问题阶段:将问题的情境转化为某种内部的心理结构,或者说形成某种问题空间。

②分析障碍寻找可利用资源。

③尝试错误寻求解决最优路径。

④评价结果阶段。

影响问题解决的主要因素:知识经验,个体的智能与动机,问题情境与表征方式,思维定式。

(7)技术运用

《中国学生发展核心素养》框架中明确指出:"理解技术与人类文明的有机联系,具有学习掌握技术的兴趣和意愿;具有工程思维,能将创意和方案转化为有形物品或对已有物品进行改进与优化等。"

《新课标》在探究实践中指出:在技术与工程实践过程中,形成的科学探究能力、技术与工程实践能力和自主学习能力。技术与工程实践能力体现在:了解技术与工程实践的一般过程和方法,针对实际需要明确问题,提出有创意的方案,并根据科学原理或限制条件进行筛选;实施计划,利用工具和材料进行加工制作;根据实际效果进行修改迭代;用自制的简单装置及实物模型验证或展示某些原理、现象和设想。

技术意识是对形形色色技术现象及技术问题的感知与体悟。

学校教育应当帮助学生形成和保持对技术现象、技术问题的敏感性与探究欲望;帮助学生感悟技术与人类、技术与社会、技术与自然、技术与文化的关系,理解技术与人类文明的有机联系,形成对人工世界的基本理解和人技关系、技道关系的基本观念;帮助学生以良好心态参与技术活动,以民主的方式参与有关技术决策讨论,以科学的方法对技术现象客观准确地反映,对技术价值与事实做出理性判断,以规范、负责和道德的方式使用技术,形成使用技术的科学态度和良好习惯,以增强对现代社会的技术适应性。

工程思维是以系统分析和比较权衡为核心的一种筹划性思维。系统思维是工程思维的核心,是一种全面、整体地认识问题、解决问题的思维方法,强调把分析思维和综合思维结合起来,注重在考虑整体的前提下具体研究解决局部的问题;在解决技术问题时,需要考虑所有变量并将技术特征与社会特征等联系起来。工程思维还包含筹划思维、权衡思维、优选思维、模型思维、标杆思维、反求思维等。

学校教育应当帮助学生从系统分析开始,建立起认识人工世界的工程思维。工程思维不仅涉及世界观,更关涉方法论,教育过程中不仅可以通过技术设计、技术制作、技术方案决策、技术问题评估等建立起基础的工程思维,而且要培养学生超越具体的技术情境,实现工程思维的社会应用与迁移的能力。

二、学习素养中的思维素养

1996年，联合国教科文组织提出"学会学习"，首次把"学习"提升到"学习素养"的高度。

在欧盟2006年"学会学习"定义中是这样描述的：持续追求并坚持学习的能力，包括有效进行个体和群体时间管理与信息管理的能力，认识到自己的学习进程和需要，找到可获得的学习机会，以及为了获得学习的成功而克服障碍的能力。它意味着不断地获得、加工和吸收新知，同时寻求并利用相关指导。学会学习还要求学习者在自身已有学习和生活经验的基础上，在各种场合下运用知识和技能。动机与自信心对于学习者的该项能力非常关键（Council，2006）。

"学会学习"必须建立在正确的"知识观"和"学习观"的基础上，必须正确认识学习的原点问题。

学习的价值追求是深度学习的意义，是为什么学的问题。知识的性质结构是知识观，是学什么的问题。学习的本质与境界是学习观，是怎么学的问题。

2022年4月21日颁布的《新课标》明确指出：小学科学课程的总目标是培养学生的科学素养，并为他们继续学习、成为合格公民和终身发展奠定良好的基础。

学习的起点问题不是学什么和怎么学,而是为什么学。学会学习是促进学生认知、情感、意志、个性,以及社会性、文化性等方面素养的发展性学习。

传统认识论的观点认为:知识是人类认识的成果,是客观事物在人脑中的主观映像。它是在实践的基础上产生又经过实践检验的对客观实际的反映。知识在哪里呢?从形式上看,知识只是一个结果、符号,是一个逻辑系统。好像拷贝在优盘里,摆放在书架上。从认知主体看,知识的存在离不开特定的实践环境,源自人的生活世界。知识的存在离不开人的主观思维,是主观经验的直接反映。从内在构成上看,知识具有三个不可分割的组成部分,其中意义系统是知识构成系统的核心。(见图1-2)

图1-2　知识构成系统

学会学习的知识观认为,知识学习首先是意义性学习,是理解性学习,是生成性学习,是在构筑知识学习与学生发展之间的意义关系。知识及其学习活动与学生发展相适应、相契合。知识不是学习的对象,也不是学习的目的,只是实现学习目标的重要材料。

古人云:学而时习之。"习"不是复习,是习练,是学以致用。"知识就是力量",下半句是"但更重要的是运用知识的技能"。培根认为检验知识的唯一标准不是它的正确性(因为科学理论本来就没有百分之百正确的),而是它的效用(可利用性)。

在知识学习的过程中,知识是认识世界的成果方式,掌握知识的过程就是理解事物发展的规律的过程,而认识理解事物发展规律必须结合学生生活情境,必须体现学生思维逻辑,必须关联学生个体经验。知识是一种智慧和能力,建构知识的过程就是运用知识解决具体情境问题的过程。"知识就是力量",知识教学必须彰显知识的属性,实现知识对于人的发展价值。

因此,学习素养是认知能力、情感态度、意志品质的综合体现。学习不是单纯地以认知活动为基础的理解过程,它还包括以情感活动为基础的情感发展过程,以意志活动为基础的意志控制过程,以文化构成为基础的文化实践过程。

学习过程是完整的心理活动过程,包括感觉、知觉、记忆、思维和想象等认知心理。也包括情感态度、意志品质等。

认知过程是学习活动的基础过程,是以思维为核心的理解过程。它包括了解、理解、应用、分析、综合、评价等。在情感发展、意志控制过程中,生命感悟、社会理解、文化认同都离不开思维的参与。

思维是建立在感知基础上,人脑对客观事物本质属性概括抽象性的反映的心理活动。思维方式、思维能力、思维品质就是思维素养,是学习素养的集中体现。一个人怎么认识世界,怎么思考问题,集中反映了一个人在智力、学识上的素养。

良好的思维品质包括思维的敏捷性、广阔性、批判性、创新性等。

从认识论的角度分析,思维方式是认识定式和认识运行模式的总和。从个体角度分析,思维方式是个体思维层次(深度)、结构(类型)、方向(思路)的综合体现。从学生学习的角度分析,思维方式反映了学生认识事物的立场和视角,也决定了他们解决问题的思路和方向,对学生的学习质量和学习水平具有根本的制约作用。

思维是有规则的、有根据的。思维必须以真实事实、准确数据、已经验证的知识作为依据进行推论。

思维是有过程、有条理的。思维要细致、周密,要符合事物联系、发展的规律,要符合儿童认知的生理、心理特点。

思维是有形式、有内容的。演绎与归纳、分析与综合、分类类比与比较，以及概念、判断、推理是思维发生的根本条件。而基于教材问题和学科思想则是思维发生的基本对象。

认识理解事物发展规律必须结合学生生活情境，必须体现学生思维逻辑，必须关联学生个体经验。聚焦问题、关注情境、引导方法，才能让学生真正产生思维。在学习上，思维能力主要体现在发现问题、提出问题、分析问题、解决问题上。

夏雪梅学习基础素养项目组（2017）是这样定义以思维为核心的学习素养的：学习素养的本质是心智的灵活转换。心智自由的人，他有自己的价值准则和独立判断，能灵活地调用自己原有的知识、能力、判断在新的情境下做出更合理和有创意的决定，而不受知识的奴役和情境的限制。他根据情境中人的需求、条件和资源的状况，创造性地重新定义情境，进行知识和意义的再生产。这样的过程，反映的是一个心智自由的人在纷繁复杂的世界中的独立与合作精神。

三、学科素养中的思维素养

（一）小学科学课程标准

自 1949 年中华人民共和国成立以来，我国小学科学课程标准走过了七十余年的发展历程。大致分为六个阶段：

1.1950 年 7 月，教育部印发《小学各科课程暂行标准初稿》，规定小学一、二年级不单独设立自然课，小学三、四年级开设常识课，五、六年级开设自然课。1956 年我国颁布新中国成立后的第一部小学自然大纲——《小学自然教学大纲（草案）》。

2.1977 年原教育部颁发《全日制学校小学自然常识教学大纲（试行草案）》，并在 1978 年对其进行了修改，规定了在小学四、五年级开设常识课。1979 年开始，我国教育界开始思考小学自然课程的改革实验研究。1981 年颁布的《全日制五年小学教学计划》中规定从三年级开始开设小学自然课。

3.1988 年颁布《九年义务教育全日制小学自然教学大纲（初审稿）》，规定自然从一年级开始，各年级均要开设。1992 年国家颁布的《九年义务教育全日制小学自然教学大纲（试用）》（简称《教学大纲》）。在《教学大纲》中明确了自然课程的性质定位、课程目标以及课程内容，强调了自然学科作为"重要基础学科"所担负的科学启蒙教育的重要任务,在对学生应掌握的科学知识、基本技能和能力培养等方面提出了具体的要求。

至此,"双基"目标正式确立。

4.2001年,颁布《全日制义务教育科学(3~6年级)课程标准(实验稿)》(简称《课程标准》)。《课程标准》提出了以培养科学素质为宗旨,面向全体学生的学习基本要求,并在课程理念、课程目标、学习方式、学习主体、实施策略等方面进行了详细而清晰的阐述,其中总目标细化分为了科学概念、过程与方法、情感态度与价值观三个领域的分目标,更加利于教师的理解和落实。

至此,《课程标准》正式确立,并首次提出"三维目标"。

5.2017年教育部正式颁布了《义务教育小学科学课程标准》(简称《课标》)。《课标》提出小学科学课程以培养学生科学素养为宗旨,涵盖科学概念、科学探究、科学态度,包含科学、技术、社会与环境四个方面的课程目标。

至此,课程标准提出"四位一体"综合目标。

6.2022年4月,《新课标》正式颁布。《新课标》立足学生核心素养的发展,学生在学习科学课程的过程中,逐步形成的适应个人终身发展和社会发展所需要的正确价值观、必备品格和关键能力,包括科学观念、科学思维、探究实践、态度责任等方面。

(二)小学科学学科素养中的思维素养

小学科学核心素养内涵目标旨在培养学生的核心素养,为学生的终身发展奠定基础。具体包括科学观念、科学思维、探究实践、态度责任四个方面。

1. 科学观念

掌握基本的科学知识,形成初步的科学观念。科学观念是在理解科学概念、规律、原理的基础上形成的对客观事物的总体认识。科学观念既包括科学、技术与工程领域的一些具体观念,如对物质、能量、结构、功能、变化的认识;也包括对科学本质的认识,如对科学知识的可验证性、相对性、暂时性的认识,对人与自然关系的认识,以及对科学、技术、社会、环境之间关系的认识,还包括科学观念在解释自然现象、解决实际问题中的应用。

2. 科学思维

掌握基本的思维方法,具有初步的科学思维能力。科学思维是从科学的视角对客观事物的本质属性、内在规律及相互关系的认识方式,主要包括模型建构、推理论证、创新思维等。模型建构体现在:以经验事实为基础,对客观事物进行抽象和概括,进而建构模型,运用模型分析、解释现象和数据,描述系统的结构、关系及变化过程。推理论证体现在:基于证据与逻辑,运用分析与综合、比较与分类、归纳与演绎等思维方法,建立证据与解释之间的关系并提出合理见解。创新思维体现在:从不同角度分析、思考问题,提出新颖而有价值的观点和解决问题的方法。

3. 探究实践

掌握基本的科学方法,具有初步的探究实践能力。探究实践主要指在了解和探索自然、获得科学知识、解决科学问题,以及技术与工程实践过程中,形成的科学探究能力、技术与工程实践能力和自主学习能力。科学探究能力体现在:理解科学探究的一般过程和方法;提出科学问题,并针对科学问题进行合理猜想与假设;制订计划并收集证据,分析证据并得出结论;对结果进行解释与评估;准确表达观点,反思探究过程与结果。技术与工程实践能力体现在:了解技术与工程实践的一般过程和方法,针对实际需要明确问题,提出有创意的方案,并根据科学原理或限制条件进行筛选;实施计划,利用工具和材料进行加工制作;根据实际效果进行修改迭代;用自制的简单装置及实物模型验证或展示某些原理、现象和设想。自主学习能力体现在:自主确定学习目标、选择学习策略、监控学习过程、反思学习过程与结果。

4. 态度责任

树立基本的科学态度，具有正确的价值观和社会责任感。态度责任是在认识科学本质及规律，理解科学、技术、社会、环境之间关系的基础上，逐渐形成的科学态度与社会责任。科学态度体现在：保持好奇心和探究热情，乐于探究和实践；有基于证据和逻辑发表自己见解的意识，严谨求实；不迷信权威，敢于大胆质疑，追求创新；尊重他人的情感和态度，善于合作，乐于分享。社会责任体现在：珍爱生命，践行科学、健康的生活方式；热爱自然，具有节约资源、保护环境、推动生态文明建设和可持续发展的责任感；对与科学技术相关的社会热点问题做出正确的价值判断，遵守科学技术应用中的公共规范、法律法规和伦理道德，维护自身和他人的合法权益，捍卫国家利益。

上述小学科学核心素养的四个维度中，科学思维、探究实践、态度责任分别从思维方法、思维能力、思维品质三个角度阐述了思维素养在小学科学核心素养中的核心价值。

第二章 小学科学学科核心素养与项目化学习

项目化学习（PBL）内涵

PBL（Problem Based Learning）由"Problem"——问题、"Based"——以……为基础、"Learning"——学习三个词组成。

首先是"Problem——问题"。在 PBL 中强调的问题是"Problem"，尤其是——错综复杂的问题。一个错综复杂的问题，往往与政治、经济、法律、宗教等多种因素有所联系，很难用一个逻辑框架来框定，需要从不同的视角来思考。项目化学习是为解决问题而学习，是在解决问题中学习，是在问题驱动中学习。

其次是"Based——以……为基础"。"Based"强调 PBL 教学是基于问题的学习，同时是基于学生的知识水平和经验结构来开展，基于学生的学习、生活、兴趣爱好、未来发展形成的。项目化学习是在问题解决中建构核心知识，在问题解决中落实核心素养。因此，项目化学习一定是基于学生发展的学习。

最后是"Learning——学习"。项目化学习方式强调的是学习。"学"是吸收，"习"是内化。学习不是简单的照本宣科，学习是学以致用。学习是在解决实际情境问题中应用知识，建构知识，发展能力，提升素养。学习不是目的，学习是过程，学习是策略，学习是发展。

项目化学习（PBL）是一种以人工制品开发，驱动学生主动发现问题并协作确定解决问题方案的学习型课程模式。在项目式教学法中，教师使知识内容与生产生活实际相结合，设计真实的问题情境，帮助学生找到学习的方向和动力，学生进行探索式自主学习，积极思考，解决问题，从而完成学习目标，提高自主学习能力和解决问题能力。

项目化学习的特征有：以项目（问题）为学习的起点；学生的一切学习内容是以项目为主轴而架构；项目（问题）是学生在未来可能面临的"真实世界"的非结构化的问题，没有固定的解决方法和过程；学习过程以学生为中心，学生要担负主动学习的责任；着重培养学生批判性思维，解决问题的能力，团队合作能力，以及沟通交流能力；每次项目考察结束或每个课程单元结束时，学生要进行自我评价并接受小组评价；项目完成后公开展示。

一、思维素养与项目化学习

夏雪梅学习基础素养项目组（2017）是这样定义学习素养视角下项目化学习的：学生在一段时间内对与学科或跨学科有关的驱动性问题进行深入持续的探索，在调动所有知识、能力、品质等创造性地解决新问题，形成公开成果中，形成对核心知识和学习历程的深刻理解，能够在新情境中进行迁移。

儿童科学素养的核心是思维在情境中灵活转换的能力，也就是儿童对情境的学习力和应变力。素养的形成意味着个体在以往的情境中具有足够的学习力，能在新情境中迅速寻找到自己想要的资源，建立知识间的联系，对新情境进行判断和问题解决。科学探究的过程就是训练儿童在情境中认识科学概念，探究科学原理并能灵活运用学习知识在新的情境中解决具体问题的过程。

学习素养视角下的项目化学习具备如下一些特征，是思维素养提升的重要手段。

（一）项目化学习的目标指向核心素养提升

项目化学习要培育和锻炼的是学生在复杂情境中的灵活的心智转换，项目化学习的目标是培育学生的核心素养。

项目化学习将学习素养转化为持续的学习实践。常见的学习实践形式有探究性实践、调控性实践、社会性实践、技术性实践、审美性实践五种类型。在项目化学习中,五种实践形式是交叉融合的。不同的实践形态让项目化学习具有包容性,可以照顾学生多样性,经验差异性,风格多元性。同样的问题,学生可以选择自己偏好喜欢的实践形式开展研究。研究同样的问题,学生也可以选择自己偏好喜欢的成果呈现形态。(见图2-1)

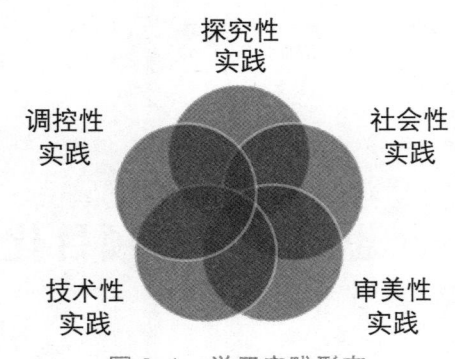

图2-1　学习实践形态

如果要培养学生思维探究能力,那就让学生亲历探究实践,发现问题、提出问题、解决问题。

如果要培养学生沟通、交流能力,乐于交往、尊重他人的品质,那就让学生在合作中实践,在互动中体验。

如果要培养学生发现美、欣赏美、表现美的能力,那就让学生在设计中感受艺术创造力、想象力、人文关怀。在成果制作中体现可视化的美感,将丰富的视觉、听觉、触觉体验融入其中。

如果让学生提升技术操作、信息交流、图表应用能力,那就让学生在工具使用中解决问题。工具使用既有传统的真实工具,也有现代的信息化工具、思维类工具。工具使用既包含使用工具技能的熟练程度,也包括工具使用的选择、改进和创新发明。

如果要让学生持久、专注保持项目化学习的兴趣,不害怕挑战和出错,那就要引领学生进行自我激励,善于调控情绪,进行计划和反思。

(二)项目化学习的内容指向核心概念建构

1.项目化学习的内容聚焦核心概念

核心概念又叫核心知识,在课堂教学中,核心概念体现为学科概念,是对学科内容的归纳和总结。学科概念是贯穿整个学科的最重要的事实内容的抽象提炼,指向学科的本质思想方法和独特性,反映了一种提纲挈领式的学科认识观。学科概念之间是有结构、层次和系统性的,学科概念和具体的事实性知识、程序性知识是密切联系的。

学科核心概念是学生课堂建构的主要内容,也是学生解决问题的基本思路。(见表2-1)

表 2-1 《新课标》核心概念类型、框架

一级 跨学科 概念 (4项)	一级 学科核心概念 (13条)	二级 关键 概念 (54条)	三级 学段 概念 知识	三级 单元 概念 知识	四级 课时 概念 知识	教材 知识 点
1. 物质与能量 2. 结构与功能 3. 系统与模型 4. 稳定与变化	1. 物质的结构与性质	7				事实性知识 程序性知识
	2. 物质的变化与化学反应	4				
	3. 物质的运动与相互作用	3				
	4. 能量转化与能量守恒	2				
	5. 生命系统的构成层次	6				
	6. 生物体的稳态与调节	3				
	7. 生物与环境的相互关系	4				
	8. 生命的延续与进化	6				
	9. 宇宙中的地球	6				
	10. 地球系统	4				
	11. 人类活动与环境	3				
	12. 技术、工程与社会	3				
	13. 工程设计与物化	3				

项目化学习首先强调跨学科概念的融合,任何概念都是复杂情境中的多种因素的联系总和。

项目化学习虽然不指向事实性知识、程序性知识,却是事实性内容、程

序性技能学习的有效工具。事实性知识、程序性知识是项目化学习的基础，而项目化学习反过来可以促进事实性知识的组织和意义化，可以挖掘程序性知识背后的概念性知识。

项目化学习聚焦的核心概念不是分层的个体概念，而是核心知识网，是从跨学科核心概念到学科核心概念再到关键概念最后到知识点的整套知识体系。这整套知识体系就是项目化学习的核心知识。项目化学习是通过建构知识体系来建构核心概念的。

2. 项目化学习内容指向核心概念再建构

建构主义认为：知识是学习者的主动建构，学习是个体创造性地发现世界的意义的过程。它具有三个主要特征：强调学习者原有经验的意义；认为学习是个体观念或知识结构的改变，学习者或将经验吸纳入原有的知识结构，或转变原有观念以适应新的经验；体现认知上的不平衡到达成新平衡的过程。

核心概念再建构不是知识的再现举例，也不是技能的呈现。它是指在新的情境中迁移、运用、转换、产生新知识，解决实际问题。

学科知识概念的建构包含认识概念、验证概念、应用概念三个基本环节。核心概念的建构过程就是以思维素养为核心的学科素养形成过程。

美国学者兰本达在其著作《小学科学教育的"探究—研讨"教学法》中提出，学科知识概念建构的活动形式有实践和对话两种。

（1）操作与实践

皮亚杰认为：学习者的学习是一系列的尝试性活动，是"做中学"。这些活动包括实验、观察、实地考察等。教师的作用不是传授知识，而是创设学习环境，为学生的活动提供必需的材料，提供必要的指导帮助。

从学习过程看，学习者主动的操作有三方面的意义：激活并提取原有经验、获取新经验、促进知识主动建构。教师要在分析学生经验的基础上创设情境,设计操作活动或任务,激活学生的经验、丰富学生的经验或帮助学生获取新经验。学生与环境的相互作用的过程不仅是获取经验的过程,也是主动建构发现的过程。

(2)表达与交流

维果茨基认为:学习是心里间到心里内的转化,一个人此时的认识就是他人过去曾经的认识。他强调儿童认知发展两种水平,一是儿童现有发展水平,二是儿童可能达到的发展水平,二者之间的差异就是最近发展区。个体必须通过人际的相互作用,获得认知技能的发展,表达与交流是最有效的方式。这种表达与交流不是单向的传达,而是平等的对话,包括活动内容、过程、结果的交流,问题的研讨,教师针对活动中存在的疑惑和困难的指导。

(三)项目化学习的过程指向情境问题迁移

项目化学习的过程是概念建构的过程,是学习实践的过程,但是概念建构和学习实践都是通过情境问题的解决展开的。

1. 问题驱动性

问题驱动性,简言之就是用问题驱动学生学习。

(1)问题与思维的关联性。学会学习的知识观和学习认为:核心知识、科学理论不是作为知识符号现存的结论或定论,而是征询与探究、解释与预见的对象。知识与科学理论的学习不是接受知识的定性结论,而是根据知识产生的过程和机制,探究知识的本质和意义。而问题指向的就是对既有事实、既定判断、既成结论的超越。感知、理解、想象、思维是探究和反映外部世界的心理过程,不是对既成事实、既定判断、既成结论的接受。尤其是思维,离开问题几乎难以发生。

(2)问题指向核心知识的导向性。项目化学习是通过问题引发学生对核心概念的思考和探究的。核心知识指向的是本质问题,一般比较抽象。因此,项目化学习必须设计结合学生生活情境让学生易于接受的驱动性问题。

驱动性问题必须指向核心知识,引领学生建构核心概念。驱动性问题不是简单的事实性问题,必须能引发学生思考,能提供问题化的组织结构,为信息和内容提供有意义的目的。驱动性问题必须嵌入学生感兴趣的情境,能激发学生探究的欲望和兴趣。

（3）问题解决过程的连续性。儿童具有强烈的好奇心,对问题有天生的敏感性。问题解决过程的连续性对儿童思维有效驱动。问题解决是指消除目前状态与所想达成目标状态之间差异的过程,是在问题的已知状态和目标状态之间寻找一条路径。P210PISA2003将学生解决问题的过程分为以下六个步骤：理解问题、描述问题、展示问题、解决问题、反思解决方案、交流解决方案。

2. 问题情境化

问题情境化是由知识和认识的本质决定的。知识往往在情境中生成和显现。知识作为一个"过程"存在于一定的生活场景、一定的时间空间、一定的价值体系、一定的语言符号中。从认知主体看,知识的存在离不开特定的实践环境,源自人的生活世界。

用情境化的问题探究使知识和认知变得具体化、形象化、生活化、情趣化、生动化、背景化。它有利于实现生活世界与科学世界的联系,形象思维与抽象思维、感性认识与理性认识的联系。有利于唤醒和激励,使学生的情感和作者、教师的情感产生共鸣。

3. 情境问题的变式迁移

迁移是将一种情境习得的知识应用于另一种情境的学习,是用在一种情境中所学的知识来解决其他情境中的问题。它主要解决知识应用与问题情境的分离问题。迁移的基本前提是知识与问题情境的相似性。迁移指向的是问题解决,但本质是演绎思维、发散思维的过程,是类比与比较的思维过程,也是创造性思维的过程。迁移的基础是变式理解,即对知识内在条件的变化性和问题情境的适应性的理解。因为知识所反映的事物是复杂的动态变化发展的过程,解决不同情境中的问题,是探寻知识的确定性与情境的复杂性、多样性之间的适应性。这有利于提升学生思维的广阔性、灵活性和创造性。

应用迁移、情境迁移、近迁移、远迁移、创造性迁移是迁移的五种不同层次。

(四)项目化学习的策略指向高阶认知活动

项目化学习在解决情境问题过程中指向高阶认知活动,它用高阶认知包裹低阶认知。项目化学习首先用具有挑战性的问题创造高阶思维情境,对学生提出带有高阶认知策略的任务,驱动学生创作真实的项目成果。在解决问题、完成任务、形成成果的过程中,在与各种材料文本的互动中,具体的知识和技能都被问题结构化、组织化。(见图2-2)

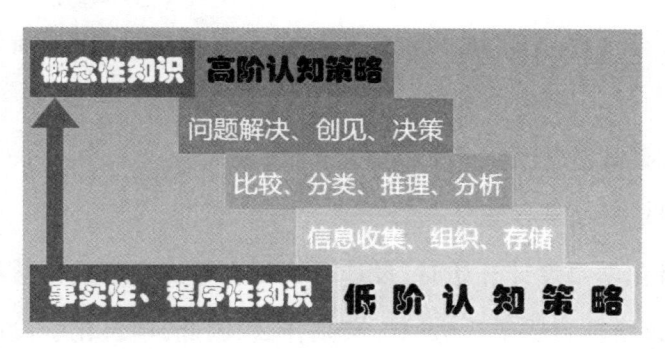

图 2-2　马扎诺(2015)学习维度框架

(五)项目化学习的方式指向项目成果逆推

项目化学习和其他基于问题探究的学习最大的区别在于,项目化学习最终要形成公开的有质量的成果,并能在多样的群体中进行交流。项目成果不仅是项目完成的结果,也是逆推指导项目化学习过程评价指标。

1. 项目化学习成果

项目化学习成果是指在项目化学习中或结束时产生的作品、产品、报告等。它可以分为两类：（1）强调"做和表现"的制作类成果，有作品、产品等。（2）强调"说和写"的解释说明类成果。有用来说明产品设计理念与过程的文本、PPT 或口头报告等。其中，学生在项目化学习过程中生成的观察日记、过程记录、清单核查表、实验报告、项目方案、个人学习记录、小组清单、日记都可以作为成果佐证材料。

项目成果设计完成后，还要设计项目成果评价量规，区分不同的项目成果水平描述。评价量规包含评价标准和检查要点。在创作成果的过程中，学生就可以使用量表进行自测或互评。教师可以使用量表进行最后测评，也可以使用量表进行过程反馈。

设计公开成果展。项目化学习最终的成果是要公开的，可以通过展览或交流的方式进行。项目成果展的目的不是展示作品，而是要展示学生对所学概念知识的理解和把握。项目成果展是一种新情境的再学习。项目成果展可以激发学生学习动力，可以促进学生学习反思，可以加强学生之间合作团结。

项目成果既包含团队成果，也包含个人成果。

2. 项目成果逆推导学

在项目化学习设计开始时，设计者就要非常清楚项目化学习最终的成果是什么，评价项目成果优劣的标准是什么。因此，项目化学习评价能够以终为始，逆向设计，项目成果可以真实有效地引领项目化学习的全过程。

项目成果、项目成果评价、项目成果逆推学习体现了项目化学习教、学、评的完美统一。

（1）项目成果是核心素养目标的直接呈现

项目成果是为了完成项目化学习的核心素养目标而设计的。在学习之前，为了保证成果与目标的一致性，可以将成果与核心素养目标进行匹配。标明成果中的哪些方面指向核心目标的哪些方面，列出的每一个成果都需要描述对应的目标是什么。列出的每一条评价标准都要找到对应的目标要求。

（2）项目成果指向对核心知识的深度理解

项目成果是根据核心知识设计出来的。项目成果不仅是做出东西，更是要解决真实问题，体现对核心概念的理解。因此，项目成果和项目成果评价必须与学习目标中的核心概念一一对应。即使是口头报告、演讲，也不是让学生谈感想、感悟、过程，而是要表达自己在核心知识上的深度理解。

（3）项目成果指向驱动性问题，具有思维的真实性

驱动性问题是真实或模拟情境中的真实问题，驱动性问题是探究本质问题的导航器。驱动性问题任务直接为完成项目成果服务，有的驱动性任务直接体现项目成果的要求。项目成果和驱动性问题一样，具有情境中思维的真实性。项目成果是驱动性问题的航标，直接指向驱动性问题的设计和实施。

二、科学学科项目化学习优势

托马斯、康德利夫等人评论高质量的项目化学习具有四个显著特征：素养目标、驱动性问题、持续探究、全程评价。项目化学习设计在真实的情境中对真实的驱动问题展开探究，运用各种工具、资源促进问题解决，最终产生可以公开发表的成果。项目化学习培育和锻炼的是学生在复杂情境中灵活的心智转换。学生在项目化学习中学会学习，能在不同的情境中创造性地解决问题。这种在学习情境中心智的灵活转换正是学习素养的本质。也是小学科学课程要培养的学生科学素质。

托马斯的研究表明，绝大多数的项目化学习是发源于自然科学领域的，而实验也证明项目化学习在自然科学课堂中是有积极价值的。

1. 目标一致

小学科学课程的总目标是培养学生的科学素养，并为他们继续学习、成为合格公民和终身发展奠定良好的基础。学生通过科学课程的学习，保持和发展对自然的好奇心与探究热情；了解与认知水平相适应的科学知识；体验科学探究的基本过程，培养良好的学习习惯，发展科学探究能力；发展学习能力、思维能力、实践能力和创新能力，以及用科学语言与他人交流和沟通的能力；形成尊重事实、乐于探究、与他人合作的科学态度；了解科学、技术、社会和环境的关系,具有创新意识、保护环境的意识和社会责任感。

项目化学习培育和锻炼的是学生在复杂情境中灵活的心智转换。学生在项目化学习中学会学习,能在不同的情境中创造性地解决问题。这种在学习情境中心智的灵活转换正是学习素养的本质。也是小学科学课程要培养的学生科学素质。

2. 内容一致

科学素养目标内容是基于核心概念分层次螺旋建构的。由简单到复杂分级设计,即将每一个核心概念分解成若干具体概念,并对具体概念进行分级。然后细化分解到不同的年级阶段。在知识素养中,课程从物质与能量、结构与功能、系统与模型、稳定与变化四个综合概念中选取了13个核心概念,分化为54条具体概念,然后细化为若干具体的单元、课时目标。

项目化学习设计本质特征是聚焦核心知识的,它把核心概念当作"聚合器",将事实性知识和程序性知识整合起来,实现核心知识再建构。在建构的过程中,项目化学习建立从核心概念到关键概念再到知识点的一整套知识体系。

3. 路径一致

《新课标》指出:小学科学课程是一门实践性课程。小学科学课程倡导以探究式学习为主的多样化学习方式,促进学生主动探究。突出创设学习环境,为学生提供更多自主选择的学习空间和充分的探究式学习机会。强调从学生熟悉的日常生活出发,做中学和学中思,通过合作与探究,亲身经历动手动脑等实践活动,了解科学探究的具体方法和技能,理解基本的科学知识,发现和提出生活实际中的简单的科学问题,并尝试用科学方法和科学知识予以解决,在实践中体验和积累认知世界的经验,提高科学能力,培养科学态度,学习与同伴的交流、交往与合作。

项目化学习设计的突破口是设计驱动性问题,也叫挑战性问题。项目化学习关注的核心知识是本质问题,为了让学生能够接受,项目化学习选择的突破口是设计驱动性问题。首先,项目化学习设计一个真实的问题情境,这个真实的问题情境可以是生活中的现实,也可以是模拟的生活情境。在这个真实的问题情境中,学生所学知识和能力是真实的,运用的思维方式是真实的,学生解决问题的思路是可以迁移的。然后,项目化学习设计具体的驱动性问题。驱动性问题既指向本质性问题,又指向学生的生活情境。既具有探索性,又具有趣味性或挑战性。学生通过解决驱动性的问题,实现对知识能力的建构、素养的提升。

4. 策略一致

小学科学课程是一门综合课程,是"四位一体"的课程,同时也是一门开放性的课程。它有效地综合自然科学各个领域中最基础的知识和技能。实现知识、技能、方法、态度、情感价值的有效统一。科学课程在学习内容、活动组织、作业与练习、评价等方面是开放性的,《新课标》强调要引导学生利用多种资源进行科学学习,加强科学与其他学科之间的渗透与整合。

项目化学习设计的策略是整合,项目设计核心要素是科学概念、数学方法、工程思维、技术能力的整合,这和科学学科四大领域(物质科学、生命科学、地球科学、设计和技术整合)的要求是一致的。

在项目化学习设计的策略中,为了让学生在学习过程中持续探索驱动性问题,必须用高阶学习牵动低阶学习,让学生经历有意义的学习实践。在项目化学习的不同阶段,实现高阶认知和低阶认知的整合,实现各种有效学习实践的整合。

在科学学科教学中实施项目化学习,既满足了课程拓展的需求,同时也保证了学科的主体地位。它是将项目化学习的设计要素融入科学学科教学,将低阶认知"包裹"入高阶认知,在保证基础知识技能的情况下,努力改变学生的学习方式,提高学生的学习素养。

三、项目化学习现状

（一）一切为了学生个性

培育学生成为自立的、自律的学习者是教育的一大目标。重视学生的需要、愿望、态度，提倡学生"自我学习"的形式，让学生自己设定课题、主动探索、自己解决问题。强调"自己解决""自己决定""自我实现"。

学生真的需要这样的自主吗？所有的学生都具备这样自主的能力吗？学生是"真主体"还是"被主体"？

看看学生的表现。

1. 一节实验课：实验前，老师正在讲解实验操作要求，可是大部分学生盯着眼前的实验器材根本没有听清老师在讲什么，他们只等老师一声令下，大显身手了。个别学生早已按捺不住悄悄在动手了……实验时，有的小组成员只顾自己操作，一会儿手舞足蹈，一会儿吆五喝六……实验后，进入汇报环节，有的小组意犹未尽，在别的小组汇报时，有的继续摆弄实验器材，有的凑在一起旁若无人地个别交流……

2. 一节测验课：一个成绩很好的学生，做错题时下意识地去抄黑板上同学的答案，老师询问正确率时他毫不犹豫举起小手。不料，他的做法又引来十多位同学围攻，大家七嘴八舌检举他，数落他。

3. 一节研讨课:(高年级教师)我在课堂上讲得声情并茂,学生的反应默默无闻。高年级学生课堂学习的积极性不如低年级,这种现象听说到初中、高中愈加严重。有人说,这是我们小学中高年级教师的责任,为什么呢?

教学是由"学生""教师""教材""学习环境"四个要素构成的。学生自立、自律的学习必须在与教师的互动中,在与教材、教室中的学生和学习环境的关系中来加以认识。学生的需要、愿望、态度也是在这些关系的相互作用中产生的。

教学相长。教学关系是具有相融性的一体化关系,教师与学生,教与学,是手性关系(相互区别又相互对应、相似又相对、相离又相连,对应异构的关系)。教学是学生在教师引导下对知识进行"层进式"(对知识内在结构的逐层深化的学习)和"沉浸式"(对学习过程的深刻参与和投入)建构的过程。

(二)先学后教,堂堂清

近年来,中小学课堂教学改革研究十分活跃,各种教学模式、课堂策略和技术层出不穷。课堂教学过程中突出尊重学生的主体地位,充分发挥学生学习的主动性,强调学生"独学、队学、组学、群学"。从"以教为主"转变为"以学为主",从"先学后教"转变为"只学不教",从"导学案"转变为"导练案""导考案"。教学改革真正实现从"满堂灌"到"满堂练"。

教与学时间序列不存在先与后的优劣之分,"先教后学"和"先学后教"要依据不同学科、不同课型、不同教学环节、不同教学情境而定。

"堂堂清"本质是追求教育"GDP"的技术主义取向的课堂改革。"清"的是知识点,"高效"是对书本知识的占有量和解题能力的效率。知识是教学唯一的对象和终极目的。在教学过程中,学生理解的断层、学科能力、学科思想、学科经验以及情感、态度、价值观念等目标"结构性沉默"。这种单面的对象化教学是为知识而进行的知识教学,无论用什么方式,本质都是"灌输"。对"知识、能力、思想、情感、价值"融合的学科核心素养不能有效提升。

（三）校本课程与基础课程泾渭分明

2019年6月23日，中共中央、国务院发布《关于深化教育教学改革全面提高教育教学质量的意见》指出：要优化教学方式。注重启发式、互动式、探究式教学。融合运用传统与现代教学手段，重视情境教学，探索基于学科的课程综合化教学，开展研究型、项目化、合作式学习。

2020年10月12日，上海市教委颁布《义务教育项目化学习三年行动计划（2020—2022）》，培育项目化学习实验学校100所，覆盖上海全市所有区。

2021年，浙江省教研室制订《浙江省中小学项目化学习研究与工作方案》，将推进项目化学习作为年度工作重点，发起"项目化学习研修年"的活动。

运用项目化学习策略，聚焦教学主题活动，已越来越受到大家的重视。在科学学科项目化学习推进过程中，各地更多是选择从"校本特色课程"切入，强调校本课程（综合型课程、拓展型课程）的开发。在科学活动中，项目化学习更多表现为"跨学科项目"（综合实践活动）或者"超学科项目"（学校其他科技活动）。

小学科学课程改革经历了从研究性学习到探究性学习，从综合实践活动到基于问题的学习，再到STEM教育、创客教育。近年来，校本课程开发应用如火如荼，校外拓展课程丰富多彩。许多学校组建创客团队，设立科技节、科技周，组织开展科技知识竞赛、科技模型训练。这些跨学科或超学科的科技综合活动极大丰富了学生的课余生活，培养了学生的科学探究兴趣，提升了学生的综合能力。

但是，在许多地方，校本课程最终演变成兴趣小组课程，素养提升最终演变为个别学生竞赛名次。综合实践活动与学科课程教学泾渭分明。一方面，拓展课程丰富多彩，占用大量时间，但思维含量不足，活动粗糙；另一方面,基础课程课堂教学争分夺秒,机械训练,在学科领域的学习方式没有实质变化。"重教轻学""重知识轻思维""重记轻用",大量的知识点的教学替代了核心概念的综合探究。(见图2-3)

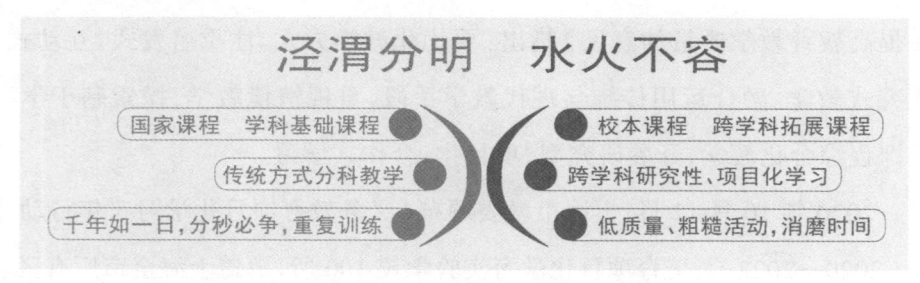

```
泾渭分明    水火不容
国家课程  学科基础课程        校本课程  跨学科拓展课程
传统方式分科教学              跨学科研究性、项目化学习
千年如一日,分秒必争,重复训练   低质量、粗糙活动,消磨时间
```

图2-3 基础课程与校本课程

在第三届STEM教育大会上,江苏省教育科学研究院王国强教授做了《具有江苏特色的STEM教育体系构建与实践研究》报告指出:在分科教学的大背景下,我们应该更多鼓励教师以学科为基点,思考如何融合生活,解决问题,带领学生系统地认识和应用学科知识。STEM理念渗透到日常教育中的创新实施途径是在学科教学中基于问题设计跨学科的项目学习,要运用STEM的理念,改变学校课堂教学的深层结构。

伴随着学科核心素养的提出,与大单元、情境化的设计理念相呼应,国家基础学科课程的项目化实施成为落地学科核心素养的重要载体。在科学学科的项目化学习中,各地越来越多地选择从"学与教"的方式切入。

四、基础课程课堂项目化学习

基础课程课堂项目化学习内涵界定：项目化学习的目标是落实《新课标》小学科学学科核心素养，内容是建构国家基础课程教材中的核心概念。

（一）项目化学习课程样态

根据项目化学习所覆盖的知识范围的大小，选择课程内容的基准，可以将项目化学习分为不同的课程样态。

1. 超学科项目化学习

超学科项目化学习是指超越传统学科的界限，指向人类、世界、宇宙的普适性、根本性问题，建立各个学科之间联系，发现将各个学科融合的办法，实现学以致用、知行合一。超学科课程渗透八大概念：形式、功能、原因、变化、联系、观点、责任、反思。

2. 跨学科项目化学习

跨学科项目化学习是基于两个或两个以上学科的核心概念与能力，或者基于一套超学科的概念体系的共同作用来促进对世界的深度理解。学生汇聚两个或两个以上的学科概念来解释现象、解决问题、创造作品，从而产生新的理解，创造出新的意义。

3. 学科项目化学习

学科项目化学习是基于学科中的关键概念和能力的项目化学习。它以一个学科为主要载体，聚焦学科关键概念和能力，进行学科与学科、学科与生活、学科与人际的联系和拓展。它将项目化学习的要素融入学科教学，将低阶认知"包裹"入高阶认知，是国家课程校本化实施的重要措施。

4. 微项目化学习

微项目化学习就是课堂项目化学习。是学科项目化课程在科学课堂教学中的有效应用。一般在课堂中为学生提供 15~20 分钟的探究性项目任务，或在课外用类似实践作业的形式对某个内容或主题进行小探究。

（二）基础课程课堂项目化学习

基础课程课堂项目化学习是指学生思维训练的主阵地在课堂，思维训练的内容是国家基础课程教材中的核心概念，课堂探究的形式是开展项目化学习，是学科微项目化学习在基础课程课堂教学中的具体体现。

小学科学基础课程课堂中的微项目化学习必须以现阶段使用教材的单元或课时教学内容为主要切入点，灵活运用教材、拓展教材，在真实或模拟的教学情境中理解《新课标》中的核心概念，并能运用核心概念解决生活中的实际问题。

1. 确立单元大概念

新课程标准要求教师以"大概念"为目标组织教学，何为"大概念"？什么是单元整体教学设计？基于大概念的课堂教学应如何设计呢？

科学大概念，是以具体的概念为基础，对事物现象、科学问题进行总结和概括。大概念具有普遍性，是指能够解释较大范围的物体、事件和现象；全局性，是指能影响较大范围的人群，是比较重要的问题；相关性，是指与人们的生活息息相关；文化性，是指具有文化上的意义，符合人类科学探索的逻辑，可以融入科学史。包括核心概念和关键概念。

《新课标》中将大概念细化为一级核心概念13条和二级关键概念54条。

单元整体教学设计是基于大概念下单元整体教学，它具有整体性、结构性、生成性、融合性。

用"大概念"引导学生学习，可以将零碎的知识点进行有效的有机整合，引导学生建构知识结构，形成学生结构化思维能力。

项目化学习的目标是落实《新课标》小学科学学科核心素养，内容是建构国家基础课程教材中的核心概念。国家基础课程小学科学教材的编排是以大单元为基本形式建构学科大概念的。以大概念为核心，实现跨学科整合，设计大单元任务群，是落实学科核心素养的必由之路。

明确学习目标统领下系统规划和设计，关注课时的认知联系，提升能力、发展素养，把一个单元作为一个有机的学习和认知整体，就是小学科学单元整体教学设计。

针对核心素养下的关键能力、如何设计关键能力视阈下的单元整体教学目标、如何把关键能力融入教学设计中去、如何重构学习历程是单元大概念整体设计的关键。

我们要以核心概念架构单元学习、以主题领域统领单元学习、以关键能力贯穿单元设计、以任务项目驱动单元设计。

以大概念统领目标、评价、过程的设计与实施，将重塑学习内容，重塑学习方式，重塑学习过程，重塑学习评价，促进学习从"知识"走向"素养"，从"教会"走向"学会"，从"零散式学习"走向"整体性学习"，从"浅层学习"走向"深度学习"，真正实现核心素养的"落地植根"！

2. 大概念与微项目

国家基础课程小学科学教材是以科学素养为核心目标，以科学大概念（核心概念）为主要内容，以单元为基本结构形式编排的。小学科学课堂项目化学习实践必须大处着眼，小处着手，围绕单元大概念，设计课时微项目任务群,用微项目建构大概念,落实科学核心素养目标。

(1)见微知著

麻雀虽小,五脏俱全。微项目虽小,但是在设计项目化学习活动时,项目化学习的六个维度是必不可少的。必须坚持项目化学习的核心理念,正确处理好核心知识、驱动性问题、高阶认知策略、学习实践形式、项目成果与项目实施评价之间的关系,在解决实际问题中培养学生思维探究能力。微项目设计必须指向单元核心概念,通过达成微项目成果,认识核心概念、验证核心概念、应用核心概念,在建构核心概念的过程中落实学科核心素养目标。

(2)积微成著

科学探究需要多元整合,小学科学学科课程编排是按单元建构大概念的,项目化学习注重跨学科大单元学习任务群的设计。但是,大概念的建构必须落实到具体的小项目,任务群的框架必须靠一个个小任务搭建。大处着眼,小处着手,设计课时微项目群是建构单元大概念的基础。

第三章 用课时微项目建构单元大概念

一、教学设计理念

教学设计理念见图 3-1。

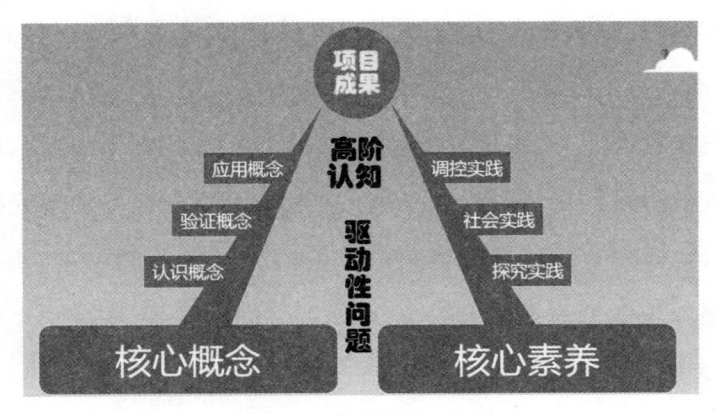

图 3-1 教学设计理念

（一）以"终"为"始"，"双核"并行

"终"指的是项目化学习成果，"始"指的是教学设计开端。"双核"是指"教材核心概念"和"学科核心素养"。

以"终"为"始"，"双核"并行，指的是基础学科项目化学习教学设计，在开始时，设计者就要非常清楚项目化学习最终的成果是什么，评价项目成果优劣的标准是什么，完成成果过程的效果应该怎么样。项目化学习是以终为始，以成果逆推的方式建构核心概念，落实核心素养。核心概念、核心素养是项目化学习的根基,在项目化学习设计中是双线并行的,在建构核心概念内容同时,落实核心素养目标。

1. 基于核心素养确定教学目标

对照《新课标》核心素养总目标和学段目标,结合基础课程教材单元和课时内容,依据学业要求和学业质量标准,针对学生的认知水平和已有经验,建立具体学习内容与核心素养表现之间的关联,设计具体的课时教学目标。

教学目标设计四维度。依据《新课标》总目标和学段目标维度形式,课时教学目标设计四维度是科学观念、科学思维、科学探究、态度责任。

2. 围绕核心概念组织教学内容

基础学科的项目化学习是以建构学科核心概念为主要内容的。课堂教学的组织形式一切围绕核心概念的建构展开。基于课程标准,围绕学科核心概念,理解教材设计,关注知识间的内在关联,促进知识的结构化,改变碎片化、割裂式的教学倾向。把握核心概念进阶,强化学段教学内容安排的序列化和递进性,体现学业要求和学业质量标准。突出核心概念在真实情境中的应用,加强知识学习与现实生活、社会实践之间的联系,实现学生对核心概念的深度理解、有效建构和灵活应用。

核心概念建构形式:认识核心概念、验证核心概念、应用核心概念。

(二)"知""行"合一,多维整合

"知"是指对核心素养目标和核心概念内容的认知。"行"是指核心概念的建构形式过程和核心素养的落实形式过程。"知""行"合一,核心概念内容的建构必须落实到具体的认知活动中,在解决具体的情境问题中认识概念、验证概念、应用概念。核心素养的目标必须落实到具体的实践活动中,针对不同的实践形式落实具体的素养目标。在教学设计和实际教学中,要实现核心概念、核心素养、活动实践、问题驱动、高阶认知、成果评价等多

维度的和谐统一,实现项目化学习教、学、评的一体化。

1. 落实核心素养与学习实践形式整合

科学学习实践的形式有五类:探究性实践、社会性实践、调控性实践、技术性实践、审美性实践。核心素养的目标必须落实到具体地以探究实践为主要方式学习实践中去。

(1)探究性实践:让学生亲历探究实践,发现问题、提出问题、解决问题,培养学生的思维探究能力。

(2)社会性实践:让学生在合作中实践,在互动中体验,培养学生沟通、交流能力,乐于交往、尊重他人的品质。

(3)审美性实践:让学生在设计中感受艺术创造力、想象力、人文关怀。在成果制作中体现可视化的美感,将丰富的视觉、听觉、触觉体验融入其中。培养学生发现美、欣赏美、表现美的能力。

(4)技术性实践:让学生在工具使用中解决问题。工具使用既有传统的真实工具,也有现代的信息化工具、思维类工具。工具使用既包含使用工具技能的熟练程度,也包括工具使用的选择、改进和创新发明。提升技术操作、信息交流、图表应用能力。

(5)调控性实践:引领学生进行自我激励,善于调控情绪,进行计划和反思,让学生持久、专注保持项目化学习的兴趣,不害怕挑战和出错。

教师在引导学生实践时要努力做到:

(1)精心组织,加强监控,让学生经历有效探究和实践过程。

科学探究包括提出问题、做出假设、制订计划、收集证据、处理信息、得出结论、表达交流和反思评价等要素,技术与工程实践包括明确问题设计方案、实施计划、检验作品、改进完善、发布成果等要素。

(2)适时追问,及时点拨,激发学生在探究和实践中的思维活动。

教师要随时关注学生的思维状况,渗透思维方法,避免程式化、表面化的说教,通过精心设问、恰当引导,启发学生既重视动手操作,又注重动脑思考,实现学习结果的自我建构,发展学生的思维能力。

(3)学生主体,教师主导,加强教师与学生的有效互动。

教师要根据学习要求和学生学习能力,明确探究和实践任务,放手让学生进行探究和实践,鼓励学生通过自主与合作方式开展活动,并给予必要的指导与支持。

2. 建构核心概念与驱动性问题整合

(1)以学生为主体组织建构内容

核心概念建构首先要认真研读教材,寻找教材的核心知识,然后对照《新课标》确定核心概念、学段和年级内容与要求。接下来充分考虑学生的认知水平,对照核心概念、年级内容要求调查学生前概念。在此基础上设计教学活动。教学活动的设计重点关注以下环节:

自主探究与合作交流。根据探究问题引导学生自主设计方案,明确探究任务,注重激活学生的认知、情感和行为,激发学生自主参与、动手动脑、经历探究的过程,既要考虑学生自主独立的学习,还要考虑学生之间的合作学习。

总结反思与应用迁移。设计必要环节,指导学生对学习过程和结果进行总结与反思,发展学生自我监控能力;组织学生运用所学的知识和方法解决真实情境中的问题,实现应用与迁移,做到融会贯通。

(2)精心设计驱动性问题

情境创设与问题提出。从学生已有经验出发,选择合适的情境素材,运用观察、实验、调查、制作等活动创设教学情境,提出有价值的问题,引发认知冲突,激发探究动机。

①情境创设

情境创设是驱动性问题设计的基础,情境是学生思维发生、知识形成、能力成长、情感涵育的平台，创设情境是构建课程知识内容与学生生活、经验、情感、生命相接的过程。

情境创设必须联系学生生活，形象具体、感性可视，而且要融入情感，能触及学生的情绪和意志。

创设情境可以通过具体的实物、图像、动作、语言、场景。

②问题设计

驱动性问题的设计可以通过具体问题的提升、事实性问题的转化、本质问题与学生经验的联系、学生的困惑、冲突、争论多种方式。

3. 评价项目成果与高阶认知过程整合

项目化学习的评价包括项目成果评价和完成项目成果过程的评价。根据项目化学习设计"以终为始，成果逆推"的点，项目化学习评价应该放在教学设计开始。要用教学评价来指导整合教学设计。

高阶认知策略是用高阶认知"包裹"低阶认知，高阶认知过程就是概念知识和事实性、程序性知识的整合过程。

通过项目成果评价高阶认知过程，是把项目化学习六个维度融为一体的过程。它包括以下评价内容：

（1）项目成果设计是否体现核心知识、核心素养？

（2）驱动性问题是否指向核心知识、核心素养和项目成果？

（3）解决驱动性问题是否使用高阶认知策略？

（4）高阶认知策略是否用高阶认知"包裹"低阶认知？

二、教学设计流程

（一）大单元任务群设计流程

单元整体设计要体现整体性、系统性，教师要做好单元学习的顶层规划。国家基础课程小学科学项目化学习设计首先应从大单元、大概念开始设计任务群。具体步骤如下：

1. 选定教材单元内容，寻找教材核心知识

任何教学设计，不管是单元设计还是课时设计，都必须从钻研教材开始。确定单元教材内容后，要认真研读教材，结合参考资料，寻找并确定教材的核心知识。

2. 依据《新课标》确定单元、课时核心概念和教学内容要求

在单元设计的顶层规划中，要确定统领本单元各课时的学习目标，明确需要建构的学科核心概念和跨学科概念。在钻石教材寻找核心知识的基础上对照《新课标》确定教材核心概念、关键概念，学段和年级具体要求。并围绕核心概念、具体要求确定单元学习主题。

3. 确定单元学习目标

单元学习目标的确定仍然要以课程标准为依据。教师在确定单元学习总目标时必须按照《新课标》目标要素科学观念、科学思维、科学探究、态度

责任四个方面进行设计，设计时要参考《新课标》中素养目标的学段要求。在确定总目标后要将其拆分成若干子目标，通过子目标的逐一实现，促使学生的认知图式发生同化或顺应。教师要特别关注学生需要通过顺应才能实现的学习目标，采取恰当的教学策略，帮助学生重构认知图式。单元学习目标要素。

4. 设计单元项目任务群及表现性情境

真实、适切的教学生活情境能够成为核心学科知识与学生思维联系的纽带，可以发展学生核心素养，激发学生的学习热情。在任务群的设计中，必须放到具体的问题情境中，让学生在真实或模拟的情境中再现思维过程，解决实际问题。把任务和问题变成驱动学生认知的催化剂。

5. 确定单元评价量规

项目化学习的评价是与成果的产生紧密相连的，评价量规内容分为项目成果评价和学生素养目标达成评价两个方面。评价量规不仅是教师的评价依据，也是学生概念形成、科学素养发展的支架，更是表现性评价实施的关键。

评价量规的制定要有整体性、系统性，教师应当使用统一的框架从单元的整体来制定各课时的评价量规。评价形式分为总结性评价和过程性评价两个方面。要呈现出全景式、多维度、多层次的评价特点，有利于开展精准的科学教学评价。

项目化学习的评价指向学习目标，指向项目成果，具有逆向设计的特点，要统领并贯穿教学始终。

（二）课时微项目设计流程

项目化学习设计常规流程包括选择项目主题—确立学习目标—拟定驱动问题—设计实施方案—设计评价方案五个环节。教学实施常规过程包括入项活动—认知实践—成果展示—反思迁移四个环节。

依据项目化学习设计和实施常规流程设计课时微项目教学设计流程。（见图 3-2）

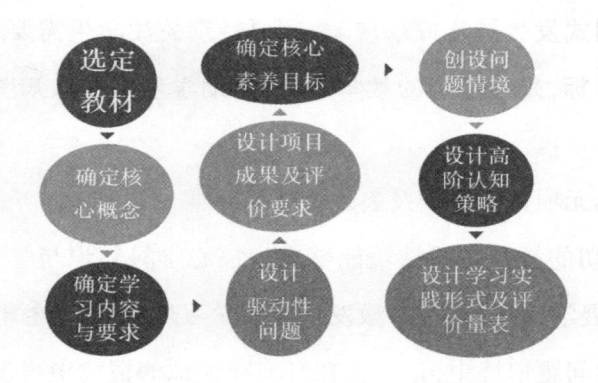

图 3-2　课时微项目教学设计流程

1. 确定核心概念,学习内容与要求

（1）选定教材,寻找核心知识

从国家基础课程教材中选定内容,可以是单元中一课内容,也可以是几课内容。选定教材的依据必须寻找到教材中的核心知识。

项目化学习的设计不是从项目或活动开始的,而是要寻找与这个项目化学习相关的关键概念及一系列与之相关的知识和技能（包括学科以外的知识）。要对这个概念及其子概念、具体的事实性知识、程序性知识之间关系建立联系,这种联系直接决定项目化学习的质量。

（2）确定核心概念

对照《新课标》中 13 条核心概念确定教材指向的核心概念。

（3）确定学习内容与要求

对照《新课标》核心概念学段要求,确定教材指向的学习内容与要求。

以上两个步骤可以同时进行,因为寻找到的核心知识与《新课标》中的核心概念并不是一一对应的关系,可以先到《新课标》学段内容与要求中找到对应知识。这也是验证寻找教材核心知识是否准确的依据。

（4）寻找学生前概念

对照核心概念和学习内容要求，寻找学生关于核心概念的前概念。

美国国家委员会对最近二三十年关于儿童科学教育的报告中指出：儿童是带着丰富的知识和技能进入学校的，在科学方面尤为显著。儿童甚至在学前就拥有一套概念与概念框架，以及运用概念进行推理的能力。他们利用自我形成的"理论""规则"和"一般原理"把世界分成不同的领域，预测事物的变化；利用它们解释现象、解决问题。即使在低年级，儿童就能参与非常复杂的科学思维活动，评价关于科学本质的深层观点。

对儿童前概念的认识给我们的启示是：

①儿童是有前概念的。

②儿童的前概念不只是知识、技能经验，还有利用经验思考问题的过程和方式。儿童有整套的概念系统和解释世界的方式。

③儿童前概念是机遇也是挑战。

因此，了解儿童，明确具体的施教对象关于教材核心概念的前概念，是项目化学习设计的基础。

2. 制定核心素养目标

对照《新课标》核心素养要素，核心素养学段目标，结合教材指向的学习内容与要求，以及学生的前概念，制定教材训练的核心素养目标。教师在确定课时素养目标时必须按照《新课标》目标要素科学观念、科学思维、科学探究、态度责任四个方面进行设计，设计时要参考《新课标》中素养目标的学段要求。

3. 设计驱动性问题

对照核心概念要求和核心素养目标，设计驱动性问题。围绕驱动性问题创设生活情境，再现问题情境。

科学探究通过问题引发学生对核心概念的思考和探索。探索核心概念意味着设计者要提出本质问题,而本质问题有时候比较抽象和庞大,特定年龄段的学生难以接受,所以将其转化为驱动性问题能更好地激发学生投入。

将核心知识转化为真实情境中的驱动性问题,建立起本质问题、情境问题之间联系,是项目化学习的关键。

情境依问题而存,问题因情境而生。因此,创设有结构的问题情境,建立科学核心概念与真实的情境之间的联系,是科学课堂情境创设的出发点和归宿。

什么样的问题情境才是有结构的问题情境呢?

(1)孕育驱动性问题的情境。创设课堂情境的目的是能够提出驱动性问题,而驱动性问题必须指向核心概念和本质问题。

(2)链式闭合的问题情境。情境是为问题而创设的。驱动性问题是有梯度的,情境的创设也是有层次性的。

4. 设计高阶认知策略

根据驱动性问题特征及学生实际设计高阶认知策略。项目化学习在解决情境问题过程中指向高阶思维能力,它用高阶认知"包裹"低阶认知。高阶认知策略包括问题解决、创见、决策、实验、调研、系统分析等,要了解不同认知策略的特点,实施心理机制,恰当结合驱动性问题选用一种或几种认知策略解决实际问题。在设计高阶认知策略时,必须兼顾整合低阶认知,建构完整的概念知识体系。

5. 设计学习实践形式及评价量表

依据核心素养目标和高阶认知策略设计具体学习实践形式及实践过程评价量表。项目化学习将学习素养转化为持续的学习实践。常见的学习实践形式有探究性实践、调控性实践、社会性实践、技术性实践、审美性实践五种类型。要针对具体的素养目标针对性地设计学习实践形式。学习实践形式并不是单独呈现的,要根据具体问题综合选用几种不同的学习实践形式。设计评价量表要体现学习实践形式的特点,要重点关注学习实践过程中学生素养的集中表现。要通过评价量表实现教、学、评的高度统一。

三、教学设计模式

（一）单元大概念建构任务群设计模式（见表 3-1）

表 3-1　单元大概念建构任务群设计模式

教材 单元标题	年级	单元	核心概念	微项目任务设计
		课时内容		
1				1
2				
3				2
4				
5				3
6				
7				4
8				

（二）课堂微项目教学设计模式

1. 文字式

小学科学课堂项目化学习教学设计模板

【核心概念】

【内容与要求】

【核心素养】

科学观念

科学思维

科学探究

态度责任

【项目成果及评价要求】

【项目材料】

【项目实施】

入项活动

认知实践

成果展示

反思迁移

【项目评价】

2. 表格式（见表 3-2）

表 3-2 小学科学课堂项目化学习教学设计模板

课题名称			教师	
教材版本		年级	单元	
选择项目主题				
确立学习目标				
拟定驱动性问题				
项目成果与评价要求				
高阶认知策略及学习实践方式				
资源材料				
项目实施方案过程	入项活动			
	认知实践			
	成果展示			
	反思迁移			
项目评价反思				

第四章 教学设计实施案例

第四章　気孔反応と酸素 [?]

一、单元项目任务群设计

以教科版五年级上册第三单元《计量时间》为例：

1. 寻找单元和课时核心知识

通过阅读教材内容，可以梳理出以下单元核心知识和课时核心知识。

课时核心知识

第一课《时间在流逝》古人利用天体运动规律计时；在一定条件下，燃香或燃烧蜡烛的速度基本是均匀的，可以用来计时。

第二课《用水计量时间》保持水流速度不变，可以用来计时。

第三课《我们的水钟》控制水流的速度，可以制作水钟。

第四课《机械摆钟》摆具有等时性，摆钟是利用摆的等时性制作的。

第五课《摆的快慢》单摆具有等时性；摆长影响摆摆动的快慢。

第六课《制作钟摆》单摆具有等时性；摆长影响摆摆动的快慢；可以利用摆的原理制作简易摆钟。

第七课《计量时间和我们的生活》计时工具设计运用体现了物体运动周期性变化的规律。

单元核心知识

时间可以通过对太阳运动周期的观察和投射形成的影子来测量，一些有规律匀速运动的装置也可以用来计量时间。人类一直在寻求更精确的计时方法。

2. 依据《新课标》确定核心概念和教学内容要求

根据教材内容，可以确定指向《新课标》（13条）中以下核心概念和学段内容要求。

一级核心概念：

第3条：物质的运动与相互作用

第9条：宇宙中的地球

第12条：技术、工程与社会

二级关键概念：

3.1 力是改变物体运动状态的原因

9.2 地球地轴自转

12.3 科学、技术相互影响、相互促进

三四年级学段内容要求：

3.1 比较不同的运动，说明各种运动的形式和特征；知道测量时间和距离常用的方法；知道用速度的大小描述物体运动的快慢

9.2 观察描述太阳光照射下物体影长从早到晚变化情况

12.3 初步说明一些技术产品中涉及的科学原理，尝试应用科学原理设计制作简易装置

3. 确定单元和课时核心概念

依据教材知识内容和《新课标》核心概念和学段内容要求，可以确定单元的核心概念是"等时性"，体现在常见计时工具具有"等时性"和可以利用"等时性"的规律制作简易的计时器。而"等时性"规律又具体体现在物体有规律的周期性运动或变化上。

4. 设计单元微项目任务群（见表 4-1）

表 4-1 《计量时间》单元微项目任务群

教材单元	2017 版	年级	五年级	核心概念		单元微项目任务群设计	
	第三单元：计量时间			等时性（物体周期性有规律运动变化）			
	课时内容						
1	时间在流逝			日晷、燃香、燃烧蜡烛可以计时是因为天体运动，香、蜡烛燃烧变化有规律		1	制作蜡烛钟
2	用水计量时间			水钟可以计时是因为可以控制水匀速流动		2	制作水钟
3	我们的水钟			可以控制流水或滴水速度制作简易水钟			
4	机械摆钟			摆钟可以计时是因为摆具有等时性		3	制作钟摆
5	摆的快慢			摆具有等时性；摆长影响摆摆动的快慢			
6	制作钟摆			可以利用摆的等时性，控制摆长，制作简易钟摆			
7	计量时间和我们的生活			计时工具设计运用体现了物体运动周期性变化的规律		4	制作计时器

二、课时微项目设计

项目任务（一）制作蜡烛钟

【教材简析】

"制作蜡烛钟"是教科版五年级上册第三单元第1课《时间在流逝》内容。本单元的主题内容是"计量时间"，本单元核心概念是"等时性"。《课程标准》概念体系和教材单元目标、课时目标要求，本课的核心知识：日晷、燃香、燃烧蜡烛可以计时是因为天体运动，香、蜡烛燃烧变化有规律。

本课时的关键任务是运用项目化学习方式建构"等时性"的核心概念，并能运用这一核心知识在具体生活情境中解决具体问题。在建构概念和解决问题过程中培养学生创新思维能力，落实核心素养目标。

【设计理念】

根据"等时性"的运动规律和五年级学生的认知特点、创新能力，运用项目化学习方式先确定核心概念，预设项目化成果，对接儿童前概念；然后利用驱动性问题在"认识概念—验证概念—应用概念"过程中同化和顺应儿童前概念；最后实现核心概念建构，有效进行创新思维训练。在建构核心概念过程中注重情境创设，引导学生利用驱动性问题展开探究。教学中以学生为主体，突出体验活动设计和对话交流，在情境转换中解决问题，激发学生科学探究兴趣,培养学生思维创新能力。

【核心概念】

1. 古人利用天体的运动规律计时

2. 一定条件下,燃香变短的速度基本是均匀的,可以用来计时

【教学内容与要求】

1. 认识古人运用天体运动计时的方法

2. 知道香燃烧有一定的规律

3. 能制作简易的蜡烛钟

【核心素养】

1. 科学观念:日晷、燃香、燃烧蜡烛可以计时是因为天体运动,香、蜡烛燃烧变化有规律。

2. 科学思维:(1)能分析古代日晷计时原理和方法。(2)能归纳古人利用太阳计时的演变过程和基本规律。(3)能分析燃香计时的规律。(4)设计制作简易的蜡烛钟。

3. 探究实践:(1)收集古人计时方法的资料并进行交流。(2)通过燃香实践探究燃香变化等时性的规律。(3)能利用身边的器材,制作简易蜡烛钟。

4. 科学态度:(1)学会发现问题,并主动解决问题,对新问题的研究保持积极的探究欲望。(2)体验项目探究的乐趣,真实表达自己的感受。(3)认识科学与生活的紧密联系,能从生活的经验中去思考解决问题。

【项目成果】

1. 制作作品:简易蜡烛钟

2. 说明作品:蜡烛钟设计方案

【高阶认知策略和学习实践形式】（见表4-2）

表4-2 "制作蜡烛钟"高阶认知策略和学习实践形式

高阶认知策略		学习实践形式		备注
问题解决	√	探究实践	√	
创见		社会实践	√	
系统分析	√	调控实践	√	
实验		技术实践		
决策		审美实践		

【项目材料】

日晷（纸质仪器）、燃香、蜡烛、火柴、秒表、直尺、剪刀、学习单、记号笔

【项目实施过程】

创设情境，确定核心概念

1.辩论下列成语中表示的时间

日出而作，日落而息　日出三竿　一袋烟　一炷香

2.提出驱动性问题一：古人没有钟表，怎么计时呢？

（1）太阳运动的变化（刻石计日、日晷、圭表）

（2）物体燃烧的变化（燃香）

【设计意图：创设情境，激发学生自主参与交流互动的积极性。让学生在辩论中体验出古人计时中物体运动的现象。】

分析问题原理，验证核心概念

1.提出驱动性问题二：太阳运动、物体燃烧为什么能够计时呢？

2.分析太阳运动及日影变化的规律

（1）"日出而作，日落而息"计时单位是什么？日出、日落有什么规律？

（以天为单位，太阳有规律地重复运动，日出、日落的时间相对是固定的。）

（2）太阳下物体影子的变化方位、长短和时间有什么规律？

①用立竿见影来验证影子方位变化的规律。（早晨，影子在物体西面，影子由长变短；中午，影子在物体北面，影子最短；下午，影子在物体东面，影子由短变长。）

②探究日晷和圭表的计时原理。（日晷根据太阳下物体影子方位的变化可以计量一天的时刻；圭表根据太阳下物体影子每天固定时刻长度的变化可以计量一年中四季的更替。）

3. 探究燃香变化的规律

（1）将一支香平均分成8段，用记号笔在划分处做好标记。

（2）将一支香平均截成8段。

（3）将做标记的一支香和截成8段的香同时点燃，测量并记录它们燃烧的时间。

（相同长度的燃香燃烧的速度或者一支香变短的速度是均匀的，时间是一致的。）

4. 小结：太阳运动和燃香变化能够计时，是因为它们的运动变化具有周期性的规律，具备等时性的规律。

【设计意图：通过观察、验证、分析、讨论继续建构计时器"等时性"的观念，激发学生对计时器探究的兴趣，体验古人的智慧和成就。】

解决问题，应用核心概念

1. 提出驱动性任务三：根据提供材料，设计方案制作蜡烛钟

方案名称：简易蜡烛钟

提供材料：蜡烛、火柴、秒表、直尺、学习单、记号笔

设计思路：

（1）蜡烛计时的原理是什么？

（蜡烛同燃香一样，燃烧的速度是均匀的，具有等时性的规律。）

（2）怎样标记蜡烛燃烧的时间变化？

（取相同的蜡烛两支，测量蜡烛的长度，点燃其中一支蜡烛，每隔一分钟测量一次蜡烛的长度，计算出蜡烛一分钟燃烧的长度。在第二支蜡烛上标记出蜡烛一分钟燃烧的长度记号。）

2. 小组合作制作蜡烛钟

3. 集中成果展示，交流介绍

【设计意图：实验方案设计是制作的前提，是运用原理解决问题的关键，要给学生充分的时间，要通过设计思路指导引领学生解决具体问题。在解决问题中，要充分组织小组合作或跨组交流，让学生开动脑筋，集思广益，学以致用。在设计的基础上，组织学生讨论交流，完善方案设计。在设计基础上组织学生实践操作。】

项目任务（二）制作水钟

【教材简析】

"制作水钟"是教科版五年级上册第三单元第 2 课《有水计量时间》、第 3 课《我们的水钟》内容。本单元的主题内容是"计量时间"，本单元核心概念是"等时性"。《课程标准》概念体系和教材单元目标、课时目标要求，上述两课的概念目标有两个：（1）可以控制流动物体的速度具有等时性。（2）可以利用物体流动等时性的原理计时。"制作水钟"重点是探究如何控制水流的速度，并利用水流"等时性"的规律制作水钟计时。

本课时的关键任务是运用项目化学习方式建构"等时性"的核心概念，并能运用这一核心知识在具体生活情境中解决具体问题。在建构概念和解决问题过程中培养学生创新思维能力，落实核心素养目标。因此，可以利用项目化学习整合的优势将这两课内容合并探究。

【设计理念】

根据"等时性"的运动规律和五年级学生的认知特点、创新能力,运用项目化学习自身整合的优势,将多课时的信息内容进行整合,达到最优化的教学设计。在项目化学习中,先确定核心概念,预设项目化成果,对接儿童前概念;然后利用驱动性问题在"认识概念—验证概念—应用概念"过程中同化和顺应儿童前概念;最后实现多概念建构,有效进行创新思维训练。在建构核心概念过程中注重情境创设,引导学生利用驱动性问题展开探究。教学中以学生为主体,突出体验活动设计和对话交流,在情境转换中解决问题,激发学生科学探究兴趣,培养学生思维创新能力。

【核心概念】

1. 水钟可以计时是因为可以控制水匀速流动

2. 可以控制流水或滴水速度制作简易水钟

【教学内容与要求】

1. 控制水位高度和孔径大小不变,可以控制流量、水流的速度和时间一致

2. 知道水钟(刻漏)、沙漏的计时原理和方法

3. 能制作简易的水钟

【核心素养】

1. 科学观念:水钟可以计时是因为可以控制水匀速流动,可以控制流水或滴水速度制作简易水钟。

2. 科学思维:(1)能分析古代水钟(刻漏)、沙漏的计时原理和方法。(2)能设计简易水钟制作方案,并制作水钟。

3. 探究实践:(1)能有效控制水位高度和孔径大小,保持水流速度不变。(2)能利用身边的器材,制作简易水钟。

4. 科学态度:(1)学会发现问题,并主动解决问题,对新问题的研究保

持积极的探究欲望。(2)体验项目探究的乐趣,真实表达自己的感受。(3)认识科学与生活的紧密联系,能从生活的经验中去思考解决问题。

【项目成果】

1. 制作作品:简易水钟

2. 说明作品:水钟设计方案

【高阶认知策略和学习实践形式】(见表4-3)

表4-3 "简易水钟"高阶认知策略和学习实践形式

高阶认知策略		学习实践形式		备注
问题解决	√	探究实践	√	
创见		社会实践	√	
系统分析		调控实践		
实验		技术实践	√	
决策		审美实践	√	

【项目材料】

沙漏、塑料瓶、剪刀、秒表、水槽、水、小号量筒、学习单、记号笔、铁架台、胶带

【项目实施过程】

创设情境,确定核心概念

1. 玩沙漏

(1)观察沙漏,认识沙漏的构造特点。

(2)用秒表测量沙漏漏沙的时间。(多次测量并记录)

(3)思考沙漏的计时原理。

(沙漏中沙子流动速度是一致的,一定时间内流量是相同的,具有等时性的规律,可以用来计时。)

【设计意图:创设情境,激发学生自主参与交流互动的积极性。让学生

在玩中体验出沙漏中沙子流动的等时性现象。】

2. 认识古代水钟（刻漏）

（1）根据观察沙漏提出驱动性问题：流动的沙子可以计时，其他流动的物体能否计时呢？

（2）认识古代水钟

播放视频，观看古代水钟发展过程和计时过程。发放古代水钟图片，小组观察讨论。

①古代水钟有哪些类型？

（受水型：根据受水容器接受水量的多少进行计时。泄水型：根据泄水容器泄出水量多少进行计时。）

②古代水钟有哪些结构部件，每一部分起到什么作用？

（泄水容器、控制泄水装置、受水容器、受水量指示装置。）

③水钟计时最关键的因素是什么？

（通过控制水位的高度和孔径大小控制水流的速度。）

④古人是怎样控制水钟中水流的速度的？

（重点控制水位高度不变，保证进水量比泄水量稍大，利用分流装置把多余的水分流。）

【设计意图：学生通过观察、分析、讨论继续建构计时器"等时性"的观念，激发学生对计时器探究的兴趣，欣赏古人的智慧。】

设计水钟方案，验证核心概念

方案名称：简易水钟

提供材料：塑料瓶、剪刀、秒表、水槽、水、小号量筒、学习单、记号笔、铁架台、胶带

设计思路：

（1）设计什么类型的简易水钟？

（保持水位不变时只能设计受水型水钟。）

（2）用什么做供水容器和泄水容器,怎样持续供水并保证水量稍高于泄水量?

（大塑料瓶装满水,作为供水容器倒立用胶带固定在铁架台上方。小塑料瓶作为泄水容器倒立用胶带固定在铁架台上,位置在大塑料瓶下方。小塑料瓶开口要比大塑料瓶开口稍小一些。）

（3）怎样保证泄水速度一致?

（在小塑料瓶距瓶三分之二处钻一个大孔,保证水位到达孔径时能顺利流出。）

（4）用什么做受水容器,怎样标记时间?

（用小号量筒做受水容器,用秒表计时,根据一定时间内接水量,在相应的刻度上标记时间。）

讨论修订设计方案

【设计意图：实验方案设计是制作的前提,是运用原理解决问题的关键,要给学生充分的时间,要通过设计思路指导引领学生解决具体问题。在解决问题中,要充分组织小组合作或跨组交流,让学生开动脑筋,集思广益,学以致用。在设计的基础上,组织学生讨论交流,完善方案设计。】

制作水钟,应用核心概念

1. 小组合作制作水钟

2. 集中成果展示,交流介绍

【设计意图：本环节是利用掌握知识解决实际问题,要引领学生小组合作,要通过成果展示激发学生创作的兴趣,保持探究的热情。】

【教学反思】

1. 概念建构贯穿教学始终,凸显层次性。"控制水位高度保持水流速度,让水流具备"等时性"是本课时的核心概念,学生对生活中的"物体流动现象"有较丰富的体验,但都是肤浅的、片面的,没有上升到水流的"等时性"这一高度。本课沿着玩沙漏—看刻漏—制水钟的思路,将概念建构贯穿教学始终,层次上不断深化。学生在体验活动和交流对话中对前概念进行"同化"和"顺应",最终能够深刻理解,灵活运用。

2. 项目设计是项目化学习的关键。提出驱动性问题或任务,引导学生根据制作原理进行项目方案设计并在设计中解决具体细节问题。在设计方案过程中进行概念建构和思维素养训练。

3. 整合优化是项目化学习的巨大优势。本课运用项目化学习的方式,将《用水计量时间》《我们的水钟》两课时的内容进行整合优化设计,按照"认识—总结—应用"的思路,开展学习探究。这样整合教材,不仅符合学生的认知规律,而且在建构概念的同时,有效加强了思维训练。

项目任务(三)制作钟摆

【教材简析】

"制作钟摆"是教科版五年级上册第三单元《计量时间》第 4 课《机械摆钟》、第 5 课《摆的快慢》、第 6 课《制作摆钟》内容。本单元的主题内容是"计量时间",本单元核心概念是"等时性"。《课程标准》概念体系和教材单元目标、课时目标要求,上述三课的概念目标有两个:(1)单摆具有等时性。(2)摆的摆动快慢与摆长有关。摆越长,摆动越慢。这两个概念目标中,"摆的等时性"是单元总目标的"物体有规律运动可以计时"的一部分。"摆的摆动快慢与摆长有关。摆越长,摆动越慢。"是摆探究的要点。"影响摆摆动快慢的因素"又是"摆的等时性"中包含的内容。"制作钟摆"重点是探究摆的"等时性"规律,以及影响摆摆动快慢的因素。本课时的关键任务是运用项目化学习方式建构"等时性"的核心概念,并能运用这一核心知识在具体生活情境中解决具体问题。在建构概念和解决问题过程中培养学生创新思维能力,落实核心素养目标。因此，可以利用项目化学习整合的优势将这三课内容合并探究，且探究的重点可以落在研究影响摆摆动快慢的因素这一核心概念上。

【设计理念】

根据"等时性"的运动规律和五年级学生的认知特点、创新能力，运用项目化学习自身整合的优势，将多课时的信息内容进行整合，达到最优化的教学设计。在项目化学习中，先确定核心概念，预设项目化成果，对接儿童前概念；然后利用驱动性问题在"认识概念—验证概念—应用概念"过程中同化和顺应儿童前概念；最后实现多概念建构，有效进行创新思维训练。在建构核心概念过程中注重情境创设，引导学生利用驱动性问题展开探究。教学中以学生为主体，突出体验活动设计和对话交流，在情境转换中解决问题，激发学生科学探究兴趣，培养学生思维创新能力。

【核心概念】

1. 单摆具有等时性。

2. 摆的摆动快慢与摆长有关。摆越长，摆动越慢。

【教学内容与要求】

1. 会组装单摆

2. 能设计方案探究影响摆摆动快慢的因素

3. 能根据摆的规律制作钟摆

【核心素养】

1. 科学观念：（1）单摆具有等时性。（2）摆的摆动快慢与摆长有关。摆越长，摆动越慢。

2. 科学思维：（1）能设计对比实验方案，运用测量比较的方法证明摆摆动快慢与摆长有关。（2）能利用摆的规律制作钟摆。

3. 探究实践：能有效改进实验器材，组装小车；能设计方案研究反冲力大小与小车运动快慢的关系。

4.科学态度:(1)学会发现问题,并主动解决问题,对新问题的研究保持积极的探究欲望。(2)认识细心观察和准确测量的重要性。(3)体验项目探究的乐趣,真实表达自己的感受。(4)认识科学与生活的紧密联系,能从生活的经验中去思考解决问题。

【项目成果】

1. 制作作品:小组制作一个单摆;小组制作一个钟摆(1分钟摆动60次)

2. 说明作品:小组完成探究影响摆摆动快慢因素的方案

【高阶认知策略和学习实践形式】(见表4-4)

表4-4 "制作钟摆"高阶认知策略和学习实践形式

高阶认知策略		学习实践形式		备注
问题解决	√	探究实践	√	
创见		社会实践	√	
系统分析		调控实践	√	
实验	√	技术实践		
决策		审美实践		

【项目材料】

每组一副摆(含铁架台、夹子、吸管、细线、橡皮泥摆锤,各组摆摆长不一样,摆锤个数不一样)、一个秒表、学习单、一支笔

【项目实施过程】

创设情境,确定核心概念

1. 创设情境,故事导入,任务驱动

意大利科学家伽利略被誉为"现代科学之父"和"钟表之父"。他17岁那年的一天,在客厅看到悬在屋顶的吊灯随风晃动。就好奇地数着吊灯摆动的次数,发现它很有规律,也很有节奏。伽利略陷入深深的思索:吊灯在一定时间里摆动的次数是固定的吗?其他悬挂的物体在同一时间摆动的次数都

和吊灯一样吗？为什么呢？（驱动性问题一）

【设计意图：创设情境，激发学生自主参与交流互动的积极性。结合故事情境提出驱动性问题，把探究抽象的本质概念落实到形象的具体问题中。】

2. 认识摆的构造

能发现问题，还能想法去解决问题。这是科学家最优秀的品质。伽利略说做就做，马上制作出各种各样的单摆，进行研究。认识摆的构造：摆由摆绳和摆锤两部分构成。摆在摆动时会有一定的幅度。摆绳是有长度的，是可控制的。摆锤是有重量的，是可增减的。摆幅是有角度的，是可变化的。

【设计意图：教师精心设计改造实验器材，利用两个铁夹灵活控制摆绳长度，利用吸管弯曲长度灵活控制摆摆动时的幅度，利用能长短变化易于穿挂的橡皮泥控制摆锤的重量，不仅有利于在做影响小车运动距离因素的对比实验中变量的控制，同时也为研究摆锤重心变化影响摆动次数做好铺垫。】

3. 摆的测试

（1）练习操作摆并正确计数。（注意让摆自由下落，计数时摆来回一个周期计作 1 次。）

（2）测试各小组摆 1 分钟摆动的次数。（集中测试 3 次，小组做好记录。）

（3）汇报数据，解决问题，揭示规律。

通过刚才的测试，咱们验证了伽利略的猜测：各小组的摆三次测试在 1 分钟内摆动的次数是固定的，验证问题：吊灯在一定时间里摆动的次数是固定的。

揭示核心概念：摆的等时性规律。

设计实验，验证核心概念

实验：探究影响摆摆动快慢的因素

1. 总结规律，提出驱动性问题二：相同的摆在同一时间摆动的次数是一样的，不同的摆在同一时间摆动的次数是不一样的。是什么在影响摆摆动的次数呢？

2. 大胆猜测，说明理由。（摆锤轻重、摆幅大小、摆绳长短、摆的高低、摆锤体积）

3. 设计实验方案（见表4-5）

表4-5　影响摆摆动因素设计实验方案

实验器材	每组一副摆（含铁架台、夹子、吸管、细线、橡皮泥摆锤，各组摆摆长不一样，摆锤个数不一样）、一个秒表、学习单、一支笔				
研究问题	研究（摆绳长短、摆锤轻重、摆幅大小）与摆动次数的关系。				
我的猜测	（摆绳长、摆绳短，摆锤重、摆锤轻，摆幅大、摆幅小），摆动次数多。				
改变条件	（摆绳长短、摆锤轻重、摆幅大小）				
不变条件	（摆绳长短、摆锤轻重、摆幅大小、摆的高低、摆锤体积）				
实验步骤	1. 用原摆做实验三次，并做好标记。 2.（改变摆长、改变摆锤重量、改变摆幅大小）做三次实验，并做好记录。				
实验记录	组别	改变条件名称	记录摆动次数		
			1轮	2轮	3轮
	第一组	（摆绳长、摆绳短，摆锤重、摆锤轻，摆幅大、摆幅小）			
	第二组	（摆绳长、摆绳短，摆锤重、摆锤轻，摆幅大、摆幅小）	1轮	2轮	3轮
实验结果	（摆绳长、摆绳短，摆锤重、摆锤轻，摆幅大、摆幅小），摆动次数多。				

【设计意图：实验方案设计将影响摆摆动快慢三个因素合并设计，学生只要在括号中勾画选项即可。不仅节省时间，也便于学生对比研究，全面控制实验中的变量和不变量。】

4. 讨论修订实验报告。

5. 小组实验并记录。

6. 总结实验，各小组对照实验方案充分交流。

情境转换，应用核心概念

1. 课堂出现问题

做探究摆锤重量是否影响摆摆动快慢实验的三个小组有两个小组得出结论：增加或减少摆锤重量不影响摆摆动快慢。而另外一小组得出结论：摆锤越重，摆摆动越慢。问题出在哪里呢？

（1）比较三个小组摆锤的特点以及添加摆锤的方法（圆形摆锤与长条形摆锤，平行添加与竖直添加）。

（2）分析竖直添加摆的长度的变化。

（3）解决问题：摆长是摆绳长度加上摆锤顶端到摆锤重心的高度，增加摆锤的高度等于增加摆的长度，因此会影响摆摆动的快慢。

2. 伽利略的遗憾

伽利略被誉为"现代科学之父"和"钟表之父"，他发现单摆的规律，是制作摆钟的基础，但遗憾的是在钟表发明之前，伽利略逝世了。今天，咱们要完成伟人未竟的事业，制作出一分钟摆动60次的摆钟。

（1）调整制作摆钟。

（2）竞赛测试（老师计时，各小组大声数出摆动次数，结束时看哪一个小组正好达到一分钟60次）。

【设计意图：本环节是利用掌握知识解决实际问题，教学中指导学生运用"问题解决策略"在学生思维情境转换中继续建构"等时性"的概念，培养创新思维能力。】

【教学反思】

1. 概念建构贯穿教学始终，凸显层次性。"摆的等时性和影响摆摆动快慢的因素"是本课时的核心概念，学生对生活中的"摆的现象"有较丰富的体验，但都是肤浅的、片面的。本课沿着认识"摆"—验证"摆"—应用"摆"的思路，将概念建构贯穿教学始终，层次上不断深化。学生在体验活动和交流对话中对前概念进行"同化"和"顺应"，最终能够深刻理解，灵活运用。

2. 问题驱动是项目化学习的关键。提出驱动性问题或任务，并能利用"问题解决策略"解决实际问题是项目化学习的关键。本课创设故事情境借伽利略之口提出第一个驱动性问题：吊灯在一定时间里摆动的次数是固定的吗？其他悬挂的物体在同一时间摆动的次数都和吊灯一样吗？为什么呢？导出核心概念"等时性"。运用第二个驱动性问题：相同的摆在同一时间摆动的次数是一样的，不同的摆在同一时间摆动的次数是不一样的。是什么在影响摆摆动的次数呢？设计实验，验证"摆的等时性及影响摆摆动快慢的因素"。

3. 整合优化是项目化学习的巨大优势。本课运用项目化学习的方式，将《机械摆钟》《摆的快慢》《制作摆钟》三课时的内容进行整合优化设计，按照"认识—验证—应用"的思路，开展学习探究。这样整合教材，不仅符合学生的认知规律，而且在建构概念的同时，有效加强了思维训练。

项目任务（四）制作计时器

【教材简析】

《计量时间和我们的生活》是五年级上册第三单元第 7 课内容。本单元核心概念是"等时性"，认识具有周期性运动特点的事物可以用来计时。第 7 课是在前 6 课认识日晷、燃香、水钟、单摆具有"等时性"的基础上全面调查比较人类计时工具的演变，继续建构"等时性"的核心概念，并能运用这一核心知识在具体生活情境中解决具体问题。在建构概念和解决问题过程中培养学生创新思维能力，落实核心素养目标。

【设计理念】

根据计量时间工具"等时性"的规律和五年级学生的认知特点、创新能力，运用项目化学习方式，围绕"调查前概念—确定核心概念—验证核心概念—应用核心概念"过程引导学生建构"等时性"这一核心概念。在建构核心概念过程中注重情境创设,引导学生利用"问题解决"的高阶认知策略对驱动性问题展开探究。教学中以学生为主体,突出体验活动设计和对话交流,在情境转换中解决问题,激发学生科学探究兴趣,培养学生思维创新能力。

【核心概念】

等时性(物体有规律周期性运动变化)

【教学内容与要求】

1.计时器运用了物体周期性运动变化的规律。

2.根据"等时性"原理可以设计制作简易的计时器。

【核心素养】

1.科学观念:计时工具的设计运用了物体运动周期性变化的规律。

2.科学思维:(1)能总结计时器发展历程,并分析归纳出计时器运动周期性变化的规律。

(2)能联系生活,探究寻找身边具有周期性变化的运动现象。

(3)能运用"等时性"的规律解决具体问题,设计制作简易计时器。

3.探究实践:(1)能通过表格的方式调查、比较人类计时器工具的演变。

(2)能在探究中完成项目任务,制作不同的计时器。

4.科学态度:(1)认识到人类设计不同的计时工具满足不同的用途和需要。

(2)认识科技进步更好造福人类。

(3)乐于探究,善于运用学习知识解决具体问题。

【项目成果】

1.水钟计时器

2.钟摆计时器

3.写字计时器

4.敲击计时器

【高阶认知策略和学习实践形式】（见表4-6）

表4-6 《计量时间和我们的生活》高阶认知策略和学习实践形式

高阶认知策略		学习实践形式		备注
问题解决	√	探究实践	√	
创见	√	社会实践	√	
系统分析		调控实践	√	
实验		技术实践		
决策		审美实践		

【项目材料】

一个水槽、一个读秒器、一支绳笔、一张设计方案纸（背面有方格）、一瓶矿泉水、三个纸杯

【项目实施过程】

确定核心概念

情境导入，任务驱动。

1. 课件动画展示："动"

要求：在"动"字前面加一字，组成词语。考一考，看谁组的词语多。

【设计意图：创设情境，任务驱动，激发学生自主参与交流互动的积极性。让学生从生活中认识运动的不同形式，为学生发现计时器周期运动规律做好铺垫。】

2. 课件展示，趣味连线

伽利略　　　　　中国发明水钟的科学家

苏颂　　　　　　外国发明摆钟的科学家

惠更斯　　　　　被誉为"钟表之父"的科学家

【设计意图：创设情境，任务驱动，继续激发学生自主参与交流互动的积极性。让学生从生活中了解计时器发展历程相关知识，为驱动性问题提出创造情境条件。】

3.问题驱动,确定核心概念

(1)根据任务交流,提出驱动性问题:伽利略没有发明钟表,为什么被称为"钟表之父"呢?

(2)解决问题,揭示核心概念"等时性"。伽利略制作了各种各样的单摆,并进行实验探索,发现了摆的"等时性"规律。惠更斯在伽利略发现摆的"等时性"规律的基础上发明的摆钟。

验证核心概念

交流计时器发展历程及其规律的认识

1.同学们,除了摆钟,你们还见过、使用过或听说过哪些计时器吗?它们都具有"等时性"的规律吗?

【设计意图:设计思维导图,引导学生对单元学习知识进行归纳分析,认识人类对计时器的探究经历的过程,从个别到一般建构"等时性"的概念。】

(见图4-1)

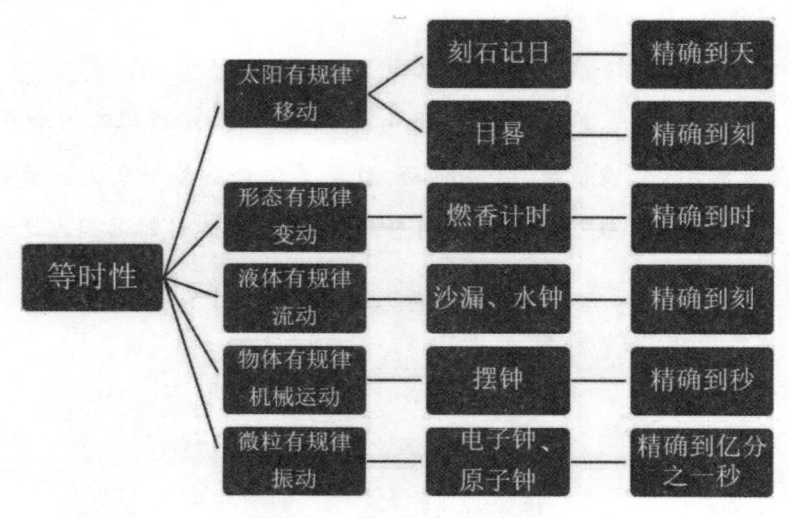

等时性			
	太阳有规律移动	刻石记日	精确到天
		日晷	精确到刻
	形态有规律变动	燃香计时	精确到时
	液体有规律流动	沙漏、水钟	精确到刻
	物体有规律机械运动	摆钟	精确到秒
	微粒有规律振动	电子钟、原子钟	精确到亿分之一秒

图4-1 等时性规律归纳

2.生活中还有哪些"等时性"的现象呢?我们能利用它计时吗?(物体只要运动起来,只要有规律的变化,都可以用来计时。如:呼吸、心跳、脉搏、写字、踏步、唱歌、诵读、敲击、打拍等。)

【设计意图:利用驱动性问题"我们身边还有能有规律运动的物体吗?它们能用来计时吗?引导学生联系生活,发散思维,继续建构"等时性"的核心概念。为应用"等时性"概念解决实际问题做好铺垫。】

应用核心概念

【设计意图:本环节是利用提供条件制作计时器,运用"问题解决策略"引导让学生结合具体情境解决实际问题,在学生思维情境转换中继续建构"等时性"概念,培养创新思维能力。】

同学们,刚才我们了解了人类研究计时器的发展历程,认识了计时器工作的原理。现在我们自己设计制作一个一分钟计时器。

(一)明确任务目标,清楚操作要求

1. 明确任务:制作一个一分钟计时器。

2. 了解实验器材:一个水槽、一个读秒器、一支绳笔、一张设计方案纸(背面有方格)、一瓶矿泉水、三个纸杯。

3. 清楚要求:

(1)设计方案必须用到提供的实验器材,且不得使用其他设备。

(2)能计出1分钟的时长(不必精确到秒)。

(3)在规定时间内完成方案设计,然后进行现场答辩。

(4)通过答辩才能制作并小组测试,测试时不能用手固定计时器。

(二)依据任务原理,转化关键问题

依据计时器"等时性"的工作原理,制作一分钟计时器的关键是在提供的材料中找到能够有规律周期运动的物体。

(三)根据提供材料,寻找解决办法

1. 流水或滴水——制作水钟

2. 绳笔摆动——制作摆钟

3. 笔纸写字——写字计时

4. 用笔敲击瓶、杯子——敲击计时

（四）思考具体问题，模拟制作过程

1. 摆钟制作：（1）用什么做摆锤？（2）用什么做摆绳？（3）用什么做支架？（4）怎么固定支架呢？

2. 水钟制作：（1）用什么泄水？（2）用什么受水？（3）怎么计算泄水或受水的水量？（4）怎么固定泄水或受水器具？

3. 其他计时：如何控制物体运动的速度？

（五）深入交流研讨，优化设计方案

1. 小组合作，设计方案。

2. 现场答辩，优化方案。（见图4-2）

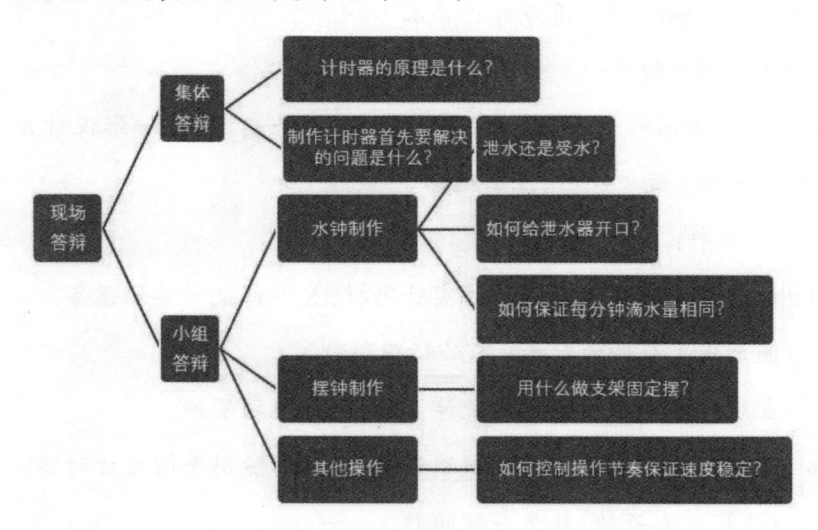

图 4-2　现场答辩，优化方案

（六）小组制作，集中测试，交流体验

1. 制作要求：分工合作，制作要轻声，讨论要小声。

2. 测试办法：操作员同时操作计时器模型，记录员记录计时器模型计时满一分钟时向测试员汇报，测试员小组对调，同时用秒表计时，听到记录员汇报时停止计时，计算出模型计时和秒表计时的误差数据。

3. 拓展体验：同学们，北京冬奥会正在进行，我们设计制作的计时器能否拿到冬奥会上使用呢？（不方便、不精确。）每一项技术的进步都要经过科学家千百次实验才能完成。同学们，我们要像科学家那样珍惜时间，勇于探索科学原理，认真磨炼工程技术，你也是未来的大科学家！

【教学反思】

1. 概念建构贯穿教学始终，凸显层次性。"等时性"是本单元和本课的核心概念，学生对生活中的"等时性"现象有较丰富的体验，但都是肤浅的、片面的。本课沿着认识"等时性"——验证"等时性"——应用"等时性"的思路，将概念建构贯穿教学始终，层次上不断深化。学生在体验活动和交流对话中对前概念进行"同化"和"顺应"，最终能够深刻理解、灵活运用。

2. 问题驱动是项目化学习的关键。提出驱动性问题或任务，并能利用"问题解决策略"解决实际问题是项目化学习的关键。本课运用第一个驱动性问题：伽利略没有发明钟表，为什么被称为"钟表之父"呢？导出核心概念"等时性"。运用第二个驱动性问题：我们身边还有能有规律运动的物体吗？它们能用来计时吗？把教材学习转移到生活应用中来。接下来，引导学生利用"问题解决策略"通过提供条件解决具体任务。这是本课的重点，也是难点。通过项目设计引导，项目答辩交流，项目竞赛测试，学生很顺利突破难点。

3. 思维训练是素养提升的核心。本课的思维训练主要体现在三个层次：（1）从众多计时器的运动现象中归纳出"等时性"的规律。（2）根据"等时性"的规律发现身边可以计时的物体。（3）运用"等时性"的规律解决情境中挑战任务。

三、专项设计案例

（一）单一内容型设计案例

在单元项目任务群中，课时微项目是针对教材某一单元的某一课内容进行项目化学习设计。如教科版（2017）四年级上册第三单元《运动和力》第2课《用气球驱动小车》。

1. 确定核心概念，学习内容与要求（见表4-7）

表4-7 《用气球驱动小车》核心概念，学习内容与要求

一级	二级	三级		四级	五级
跨学科概念（4项）	学科核心概念（13项）	关键概念（54条）	学段概念	单元概念	课时概念
系统与模型	3.物质的运动与相互作用	3.1 力是改变物体运动状态的原因	1.常见的力有重力、弹力、反冲力、摩擦力等 2.给物体施加力可以改变物体运动的快慢，也可以使物体开始或停止运动	运动与重力、弹力、反冲力、摩擦力	反冲力

（1）寻找核心知识

《用气球驱动小车》是教科版四年级上册第三单元第2课的内容。单元

的主题内容是"运动和力",课时核心概念是"反冲力",重点认识充气后的气球具有能量,喷气时可以产生动力,让小车运动起来。

(2)确定核心概念

对照《新课标》中13条核心概念确定教材指向的核心概念是第3条"物质的运动与相互作用"。指向的跨学科概念是"系统与模型"。

(3)确定学习内容与要求

对照《新课标》核心概念学段要求,确定教材指向的学习内容与要求。

五~六年级:(2017版课标对应教材为三~四年级段,2022版课标对应教材为五~六年级段)①知道日常生活中常见的重力、弹力、浮力、反冲力、摩擦力都是直接施加在物体上的力。②给物体施加力可以改变物体运动的快慢,也可以使物体开始或停止运动。

(4)寻找学生前概念

设计量表,调查学生对反冲力的认识。

①你知道什么叫反冲力吗?它有什么特点呢?

②你在生活中见过反冲力吗?

2. 制定核心素养目标

对照《新课标》核心素养要素、核心素养学段目标,结合教材指向的学习内容与要求,以及学生的前概念,制定教材训练的核心素养目标。

(1)科学观念:气球喷气时,会产生一个和喷气方向相反的推力,叫反冲力;反冲力有大小,可以改变物体的运动状态。

(2)科学思维:能从生活中的反冲力现象归纳出反冲力的特点。能利用反冲力现象解决生活中实际问题。

(3)探究实践:能有效改进实验器材,组装小车;能设计方案研究反冲力大小与小车运动快慢的关系。

(4)科学态度:能用实验数据证明自己的猜测,体验研究的快乐;体验反冲力能满足人们生产生活的需要。

3. 设计项目成果及评价要求（见表 4-8）

表 4-8 《用气球驱动小车》设计项目成果及评价要求

	成果名称	成果形式	评价要求	成果公开方式
1	气球小车	制作作品	1. 能利用气球反冲力运动 2. 能有效控制小车运动方向 3. 能有效控制气球充气量多少、气球喷气速度快慢、小车的轻重	操作实验和竞赛
2	研究方案	说明作品	1. 能有效控制实验中的改变因素和不变因素 2. 能简单、有效记录实验操作的过程	介绍
3	问题解决	制作或说明作品	1. 以解决实际情境中的具体问题 2. 可以说明方案也可以模拟制作产品	介绍或操作演示

4. 设计驱动性问题

驱动性问题一：气球没有翅膀，为什么能飞起来呢？

驱动性问题二：怎么才能让小车跑得距离更远些？

驱动性问题三：怎么让气球乖乖飞到自己的座位上呢？

5. 设计高阶认知策略

针对驱动性问题一，设计策略是问题解决。

针对驱动性问题二，设计策略是问题解决和实验。

针对驱动性问题三，设计策略是问题解决和创见。

6. 设计学习实践形式及评价量表

依据核心素养目标和高阶认知策略设计具体学习实践形式：

（1）探究性实践：通过设计探究实践活动，解决驱动性问题，培养探究能力、思维素养。

（2）调控性实践：通过设计调控性实践活动引领学生喜爱探究、专注坚持、学会反思。

（3）社会性实践：通过设计社会性实践活动引导学生倾听、讨论，开展小组合作。

（4）技术性实践：通过设计技术性实践活动引导学生设计制作气球小车，并有效控制影响小车运动快慢的各种变量因素。

附：社会性实践量表评价设计（见表4-9）

表4-9 《用气球驱动小车》教学设计社会性实践量表评价

评价内容	评价表现	评价等第
倾听	1. 表现出积极倾听的身体半途姿态	一般
	2. 认真倾听完他人的观点	良好
	3. 倾听他人想法并给出回应性的思考	优秀
讨论	1. 接受多样的观点	良好
	2. 做好研讨的观点、材料准备	良好
	3. 用他人能接受的方式表达自己的观点	优秀
	4. 清晰有逻辑地表达自己的观点	优秀
合作	1. 承担团队角色和责任	良好
	2. 能为团队妥协	优秀
	3. 能积极出色完成自己任务	良好
	4. 能关注其他队员活动并积极协助	优秀

附：教学案例设计

用气球驱动小车

【教材简析】

《用气球驱动小车》是教科版四年级上册第三单元第2课的内容。本单元的主题内容是"运动和力"，本课时核心概念是"反冲力"，重点认识充气后的气球具有能量,喷气时可以产生动力,让小车运动起来。本课时的关键任务是运用项目化学习方式建构"反冲力"的核心概念,并能运用这一核心知识在具体生活情境中解决具体问题。在建构概念和解决问题过程中培养学生创新思维能力,落实核心素养目标。

【设计理念】

根据"反冲力"的运动规律和四年级学生的认知特点、创新能力,运用项目化学习方式,围绕"调查前概念—确定核心概念—验证核心概念—应用核心概念"过程引导学生建构"反冲力"这一核心概念。在建构核心概念过程中注重情境创设,引导学生利用驱动性问题展开探究。教学中以学生为主体,突出体验活动设计和对话交流,在情境转换中解决问题,激发学生科学探究兴趣,培养学生思维创新能力。

【核心概念】

反冲力

【教学内容与要求】

1. 知道反冲力是直接施加在物体上的力。

2. 给物体施加反冲力可以改变物体运动的快慢,也可以使物体开始或停止运动。

【核心素养】

科学观念:气球喷气时,会产生一个和喷气方向相反的推力,叫反冲力;反冲力有大小,可以改变物体的运动状态。

科学思维:能从生活中的反冲力现象归纳出反冲力的特点。能利用反冲力现象解决生活中实际问题。

探究实践:能有效改进实验器材,组装小车;能设计方案研究反冲力大小与小车运动快慢的关系。

科学态度:能用实验数据证明自己的猜测,体验研究的快乐;体验反冲力能满足人们生产生活的需要。

【项目成果】

1. 制作作品：气球小车

2. 说明作品：研究方案

3. 制作或说明作品：问题解决

【高阶认知策略和学习实践形式】（见表 4-10）

表 4-10 《用气球驱动小车》高阶认知策略和学习实践形式

高阶认知策略		学习实践形式		备注
问题解决	√	探究实践	√	
创见	√	社会实践	√	
系统分析		调控实践	√	
实验	√	技术实践	√	
决策		审美实践		

【项目材料】

小车（气球、大小喷气口、备用轮、限气杆）、纸巾、水笔、细线、空心皮管、胶带

【项目实施过程】

创设情境，确定核心概念

情境导入，任务驱动。

1. 小游戏：让气球入座

（挑选最前排、最后排两名学生）任务是将气球吹气后，让气球凭借自己的力量飞到学生自己座位上。（注意让操作同学和全体同学思考，怎样才能让气球飞回到座位上？）

【设计意图：创设情境，激发学生自主参与交流互动的积极性。让学生边思考边游戏，从游戏中感受反冲力的存在，初步感觉反冲力是有方向的。

安排两个学生游戏,便于全体学生更好观察体验,有利于深入思考。也为后续解决实际问题做好铺垫。】

2. 小魔术:降伏孙大圣

(气球就像西游记里的孙大圣一样,几个筋斗云就飞开了。但孙悟空再厉害,也翻不出如来佛的手掌心。看老师用如来神掌降伏他。)

(1)教师示范,气球喷气口在手掌上方、下方、左方、右方喷气运动的现象。

(2)学生体验,气球在手掌上喷气运动的现象。(每个同学都有一对如来神掌,不信大家都来试一试。看谁的神掌最厉害,能控制住气球不乱飞。)

教师随机采访:你在降伏孙大圣(气球)时,孙大圣老实吗?想跑吗?在做什么?你有什么感受?(重点引导喷气的方向和顶手的方向是怎样的)

【设计意图:继续激发学生自主参与交流互动的积极性。让学生从游戏进一步感受反冲力的大小和方向,为学生确定核心概念做好铺垫。】

问题驱动,确定概念

1. 刚才咱们玩了小游戏,做了小魔术,老师发现几个小问题。驱动性问题一:气球没有翅膀,为什么能飞起来呢?(反冲力、喷气)

2. 体验更多的反冲力(图片、视频播放)

生活中像气球这样向一个方向喷出气体而让自己向相反的方向运动的现象你还见过吗?

(1)水上喷射器通过向下喷水产生一个向上的力,把人给送入空中。(喷水)

(2)古代小火箭、烟花、现代火箭。(喷火)

设计实验,验证核心概念

实验一:驱动小车向不同的方向运动

1. 介绍小车构造。这是老师改造的实验气球小车。重点介绍"能升降限气杆""能变化喷气口""能拆卸备用轮"。

【设计意图:教师精心设计改造实器材,利用吸管伸缩控制气球吹气量的多少,利用增加能拆卸备用轮控制小车重量的大小,利用能套装的小喷气口控制气球喷气速度的快慢。有利于在做影响小车运动距离因素的对比实验中变量的控制。】

2. 领取小车、湿纸巾,自由实验。每人试一个方向,(选前后左右两人做实验)每人一张湿巾擦拭,提醒吹气不要超出限气杆,不要拆卸小车上的任何装置。

3. 实验完小车收回。(保证小组用自己气球,标号画停车位)

【设计意图:本节课的中心任务是建构"反冲力"这一核心概念。教师课前组装小车,并统一泊位停放。能有效节省时间,让学生更充分地在验证反冲力和应用反冲力中建构概念。】

4. 交流总结:气球能带动小车运动吗?小车靠什么力量运动的?小车运动的方向和气球喷气的方向一样吗?

实验二:探究影响小车运动距离的因素

1. 创设情境,发现问题,提出问题

利用"低限气杆""小喷气口""带备用轮"小车完成实验一,创设气球小车运动速度慢,距离近的教学情境,提出驱动性问题二:怎么才能让小车跑得距离更远些?

2. 大胆猜测,说明理由(用大气球、用大喷口、减轻小车重量、桌面倾斜、用平滑桌面等)

3. 设计实验方案（见表 4-11）

表 4-11　影响小车运动距离的因素设计实验方案

实验器材	小车、气球、限气杆、大小喷气口、备用轮、纸巾、水笔、细线、空心、皮管、胶带			
研究问题	研究（车身轻重、喷气口大小、气球吹气多少）与小车运动距离的关系。			
我的猜测	（车身轻、车身重，喷气口大、喷气口小，气球吹气多、气球吹气少），小车运动距离远。			
改变条件	（车身重量、喷气口大小、气球吹气多少）			
不变条件	（桌面、起点、车身重量、喷气口大小、气球吹气多少）			
实验步骤	1. 用原气球小车做实验三次，并做好标记。 2. （去掉备用轮、拔掉小喷气口、将限气杆上升到高位位置）做三次实验，并做好标记。			
实验记录	组别	改变条件名称	小车运动距离（两组结束，根据标记记录名次）	
	第一组	（重车身、小喷气口、气球吹气少）	1次	2次
			第（　）名	第（　）名
	第二组	（轻车身、大喷气口、气球吹气多）	4次	5次
			第（　）名	第（　）名
实验结果	（车身轻、车身重，喷气口大、喷气口小，气球吹气多、气球吹气少），小车运动距离远。			

【设计意图：实验方案设计将影响小车运动距离三个因素合并设计，学生只要在括号中勾画选项即可。便于学生对比研究，全面控制实验中的变量和不变量。实验记录中两组实验分别记录实验名次，减轻学生测量记录负担，节省时间用在核心概念探索建构方面。】

4. 讨论修订实验报告

5. 小组实验并记录（注意标记和记名次，超出桌面按第一名计算）

6. 总结实验，各小组对照实验方案充分交流

情境转换，应用核心概念

1. 小车改装运动比赛

要求：(1)根据实验二探索结论，小组改装气球小车。

(2)进行一场汽车拉力比赛，看谁的小车跑得最远。

(3)比赛后，获胜小组经验介绍，介绍自己改装做法和比赛经验。

2. 解决实际问题

(1)转换情境，提出问题：回顾课堂伊始游戏现象，(气球乱飞，不能按目标回到座位上)怎么让气球自己回家呢？

(2)思考原理：引导学生利用"反冲力"的原理找到解决问题的思路。(气球乱飞是因为反冲力的方向不固定，解决办法是让气球固定喷气的方向。)

(3)提供材料：细线、空心皮管、胶带。

(4)设计思路。小组讨论如何利用提供材料让气球在运动过程中固定一个方向喷气。

(5)操作演示，经验介绍。

【设计意图：本环节是利用提供条件解决实际问题，教学中指导学生运用"问题解决策略"在学生思维情境转换中继续建构"反冲力"的概念，培养创新思维能力。】

【教学反思】

1. 概念建构贯穿教学始终，凸显层次性。"反冲力"是本课时的核心概念，学生对生活中的"反冲力"现象有较丰富的体验，但都是肤浅的、片面的。本课沿着认识"反冲力"——验证"反冲力"——应用"反冲力"的思路，将概

念建构贯穿教学始终,层次上不断深化。学生在体验活动和交流对话中对前概念进行"同化"和"顺应",最终能够深刻理解,灵活运用。

2.问题驱动是项目化学习的关键。提出驱动性问题或任务,并能利用"问题解决策略"解决实际问题是项目化学习的关键。本课运用第一个驱动性问题:气球没有翅膀,为什么能飞起来呢？导出核心概念"反冲力"。运用第二个驱动性问题:怎么才能让小车跑得距离更远些？设计实验,验证"反冲力"。接下来,引导学生利用"问题解决策略"通过提供条件解决具体任务。这是本课的重点,也是难点。通过项目设计引导,项目竞赛测试,学生很顺利突破难点。

3.思维训练是素养提升的核心。本课的思维训练主要体现在三个层次。(1)从众多运动现象中归纳出"反冲力"的规律。(2)设计实验,验证"反冲力"的规律。(3)运用"反冲力"的规律转换情境,解决具体问题。

(二)内容综合型设计案例

在单元项目任务群中,课时微项目是针对教材某一单元的某几课内容,或针对单元最后一课综合训练内容,进行项目化综合学习设计。如教科版(2017)五年级下册第二单元《船的研究》第6课《设计我们的小船》、第7课《制作与测试我们的小船》,可以综合设计项目化学习活动"小船设计、制作与测试"。

1.确定核心概念,学习内容与要求(见表4-12)

表 4-12 《小船设计、制作与测试》核心概念，学习内容与要求

一级	二级	三级	四级		
核心概念（13条）	关键概念（54条）	学段概念	单元、课时概念		
第三条：物质的运动与相互作用	3.1 力是改变物体运动状态的原因	1. 知道浮力是直接施加在物体上的力	教材2017版五年级下册	核心概念	
	12.2 技术与工程创造了人造物	2. 工程以科学技术为基础，能提高生产效率	单元 第二单元：船的研究	科学技术推动船的发展，工程设计一般经历"问题—设计—制作—测试—完善"的过程；船的特点有大小、形状、材料、载重量、稳定性、动力等	
第十二条：技术、工程与社会	12.3 技术与工程改变人们的生产生活		课时内容		
			1	船的历史	不同时期、不同类型的船具有不同的特点
	13.1 工程需要定义	3. 定义工程包括材料、时间、成本	2	用浮的材料造船	浮的材料可以造船，改变材料的结构可以改变船的载重量和稳定性
			3	用沉的材料造船	沉的材料可以造船，体积越大，越容易上浮
			4	增加船的载重量	增大体积、合理摆放可以增加船的载重量
			5	给船装上动力	科学技术改变船的动力系统，船舵可以控制船行进的方向
第十三条：工程设计与物化	13.2 工程关键是设计	4. 能设计方案	6	设计我们的小船	工程设计一般经历"问题—设计—制作—测试—完善"的过程；船的制作考虑船的大小、形状、材料、载重量、稳定性、动力
	13.3 工程是设计方案物化的结果	5. 能利用工具制作简单的模型	7	制作与测试我们的小船	工程设计一般经历"问题—设计—制作—测试—完善"的过程；船的制作考虑船的大小、形状、材料、载重量、稳定性、动力

（1）寻找核心知识

"小船设计、制作与测试"是教科版五年级下册第二单元第6、7两课内容。这两课内容又是在前5课内容基础上提升与总结。单元的主题内容是"船的研究"，课时核心知识是船的特点有大小、形状、材料、载重量、稳定性、动力等；科学技术推动船的发展；工程设计一般经历"问题—设计—制作—测试—完善"的过程。

（2）确定核心概念

对照《新课标》中13条核心概念确定教材指向的核心概念是第3条：物质的运动与相互作用，第12条：技术、工程与社会，第13条：工程设计与物化。

（3）确定学习内容与要求

对照《新课标》核心概念学段要求，确定教材指向的学习内容与要求。

五、六年级：①知道浮力是直接施加在物体上的力。②工程以科学技术为基础，能提高生产效率。③定义工程包括材料、时间、成本。④能设计方案，厘清要素关系。⑤能利用工具制作简单的模型。

2. 制定核心素养目标

对照《新课标》核心素养要素，核心素养学段目标，结合教材指向的学习内容与要求，以及学生的前概念，制定教材训练的核心素养目标。

（1）科学观念：设计小船包括船的大小、形状、材料、载重量、稳定性、动力等；科学技术推动船的发展；工程设计一般经历"问题—设计—制作—测试—完善"的过程。

（2）科学思维：能分析归纳船的相关特点并迁移运用根据提供材料设计符合要求的小船。

（3）探究实践：能制作小船并改进船性能，在测试中完善。

（4）科学态度：知道工程以科学技术为基础，体验研究制作的快乐；体验工程、技术改变人们的生产、生活。

3. 设计项目成果及评价要求（见表4-13）

表4-13 《小船设计、制作与测试》设计项目成果及评价要求

	成果名称	成果形式	评价要求	成果公开方式
1	气球小船	制作作品	1.最低能载重两个钩码（100克）2.能靠自控动力行驶一定距离	操作实验和竞赛
2	橡皮泥小船	制作作品		
3	竹筏小船	制作作品		
4	小纸船	制作作品		
5	设计方案	说明作品	有画图和文字说明，解释材料、动力、载重量、使用方法	介绍

4. 设计驱动性问题

驱动性问题一：听一听，看一看，说一说，船是用什么材料制作的，使用的动力是什么？

驱动性问题二：怎么才能让小船行驶平稳，载重量大呢？

驱动性问题三：你能根据提供的材料设计制作小船吗？

5. 设计高阶认知策略

针对驱动性问题二，设计策略是问题解决策略。

6. 设计学习实践形式

依据核心素养目标和高阶认知策略设计具体学习实践形式：

（1）探究性实践：通过设计分析归纳、设计图纸探究实践活动，解决驱动性问题，培养探究能力、思维素养。

（2）调控性实践：通过设计调控性实践活动引领学生喜爱探究、专注坚持、学会反思。

（3）社会性实践：通过设计社会性实践活动引导学生倾听、讨论，开展

小组合作。

（4）技术性实践：通过设计技术性实践活动引导学生恰当使用材料制作小船，并有效控制小船载重量和运动方式。

附：教学案例设计

小船设计、制作与测试

【教材简析】

《小船设计、制作与测试》是教科版五年级下册第二单元第6课和第7课的内容。本单元的主题内容是"船的研究"，本课时核心概念是"船的设计、制作与测试"，重点认识设计小船包括船的大小、形状、材料、载重量、稳定性、动力等；科学技术推动船的发展；工程设计一般经历"问题—设计—制作—测试—完善"的过程。本课时的关键任务是运用项目化学习方式建构"工程设计与制作"的核心概念，并能运用这一核心知识在提供的具体情境材料中解决具体问题。在设计、制作与测试小船的过程中培养学生创新思维能力，落实核心素养目标。

【设计理念】

根据"工程设计与制作"的学段要求和五年级学生的认知特点、创新能力，运用项目化学习方式，先根据提供船型分析归纳船的动力与材料特点，再根据提供条件选择材料和动力制作小船。在建构核心概念过程中注重情境创设，引导学生利用驱动性问题展开探究。教学中以学生为主体，突出体验活动设计和对话交流，在情境转换中解决问题，激发学生科学探究兴趣，培养学生思维创新能力。

【核心概念】

工程设计与制作

【教学内容与要求】

1. 知道浮力是直接施加在物体上的力。

2. 工程以科学技术为基础，能提高生产效率。

3. 定义工程包括材料、时间、成本。

4. 能设计方案，厘清要素关系。

5. 能利用工具制作简单的模型。

【核心素养】

1. 科学观念：设计小船包括船的大小、形状、材料、载重量、稳定性、动力等；科学技术推动船的发展；工程设计一般经历"问题—设计—制作—测试—完善"的过程；气球喷气时，会产生一个和喷气方向相反的推力，叫反冲力；反冲力有大小，可以改变物体的运动状态。

2. 科学思维：能分析归纳船的相关特点并迁移运用根据提供材料设计符合要求的小船。

3. 探究实践：能制作小船并改进小船性能，在测试中完善。

4. 科学态度：知道工程以科学技术为基础，体验研究制作的快乐；体验工程、技术改变人们的生产、生活。

【项目成果】

1. 制作作品：气球小船、橡皮泥小船、竹筏小船、小纸船

2. 说明作品：设计方案

【高阶认知策略和学习实践形式】（表 4-14）

表 4-14 《小船设计、制作与测试》高阶认知策略和学习实践形式

高阶认知策略		学习实践形式		备注
问题解决	√	探究实践	√	
创见		社会实践	√	
系统分析		调控实践	√	
实验		技术实践	√	
决策		审美实践		

【项目材料】

吸管(10根)、气球(2个附喷嘴)、橡皮筋(10根)、橡皮泥(1块)、项目方案单(1张)、笔(1支)、水槽(1个)、水、钩码(两个100克)、垫圈(20个)

【项目实施过程】

情境导入,认识船的结构和动力特点

1. 音乐欣赏

课前让学生欣赏歌曲《让我们荡起双桨》《小船》(爸爸是船,妈妈是帆),课堂上让学生自由讨论发言:歌曲中提到是什么样的船,使用的动力是什么?(见图4-3)

图4-3 《小船设计、制作与测试》音乐欣赏

2. 看图识船

展示各种不同类型的船的图片,学生自由举手发言:说出船的名称和使用的动力方式。(后面教学迁移情境解决问题时相关内容重点强调)(见图4-4)

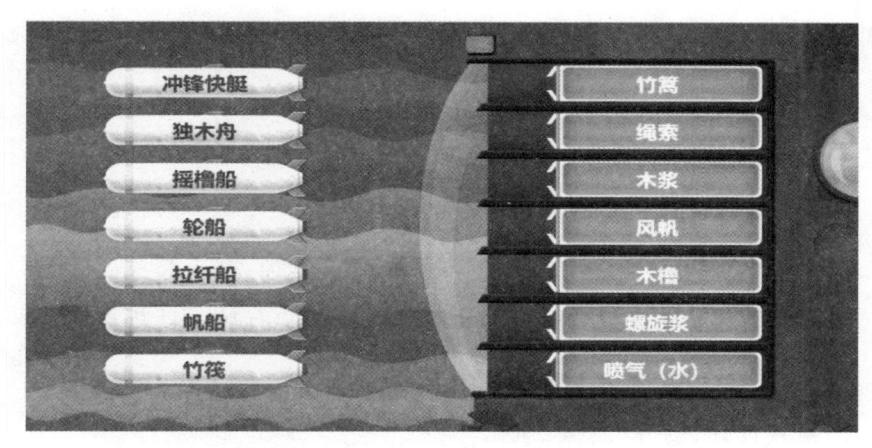

图 4-4　船类型与动力搭配

3. 思维导图

结合 1、2 两项活动,教师在课堂上适时板书,引导学生用思维导图形式归纳船的结构形状、动力方式,为后面迁移情境解决问题做好铺垫。(见图 4-5)

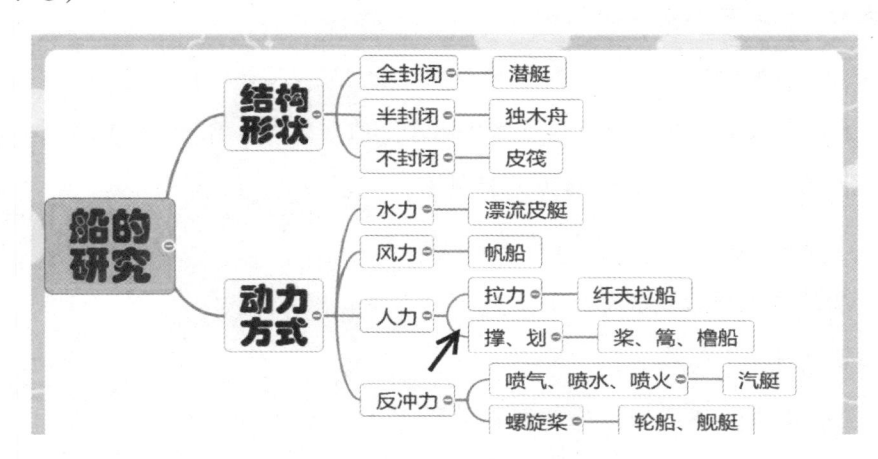

图 4-5　船的结动力经综合示意图

迁移情境,解决具体问题

1. 任务设计

挑战任务:设计、制作一艘能载重并自己行驶的小船

提供材料:吸管(10 根)、气球(2 个附喷嘴)、橡皮筋(10 根)、橡皮泥(1

块)、项目方案单(1张)、笔(1支)、水槽(1个)、水、钩码(两个100克)、垫圈(20个)

挑战要求:

(1)根据提供的材料制作小船。

(2)小船能装载两个钩码为合格,然后加载垫圈,越多越好。

(3)小船能靠提供材料制作动力并能在水槽中行驶一段距离。

(4)能依据问题解决策略设计方案并优化

2. 项目设计、制作、测试、优化

指导过程:(依据"问题解决策略"步骤指导)

(1)明确任务目标　清楚操作要求

(2)依据任务原理　转化关键问题

挑战任务最关键的问题是找到能在水中上浮的材料制作小船,找到能产生动力的材料给小船提供动力。

(3)根据提供材料　寻找解决办法

材料中能在水中上浮或经过改变能上浮的材料有吸管、气球、橡皮泥、纸。

根据前面学习能提供动力的材料有:

①重力或拉力(橡皮泥、钩码、垫圈、笔)。

②弹力或拉力(橡皮筋)。

③反冲力(气球)。

(4)思考具体问题　模拟制作过程

①用吸管制作小船,需要哪些材料,如何装载钩码、垫圈,怎样制作载重量最大?(用皮筋束扎吸管,制成竹筏,放钩码、垫圈时要均匀对称摆放。)

②用气球制作小船,需要哪些材料,如何装载钩码、垫圈,怎样制作载重量最大?(将气球吹大,放入钩码、垫圈,用皮筋扎紧吹气口。)

③用吸管和气球制作小船,需要哪些材料,如何装载钩码、垫圈,怎样制

作载重量最大？（在吸管筏底部用皮筋绑上气球,制成皮筏子,再均匀对称摆放钩码、垫圈,也可在气球里装入钩码、垫圈。）

④用橡皮泥制作小船,需要哪些材料,如何装载钩码、垫圈,怎样制作载重量最大？（用橡皮泥制作小船,尽量增大船的底面积制成空心状,放钩码、垫圈时要均匀对称摆放。）

⑤用纸折叠小船,需要哪些材料,如何装载钩码、垫圈,怎样制作载重量最大？（用纸折叠小船,尽量增大船的底面积,放钩码、垫圈时要均匀对称摆放。）

⑥重力小船：用橡皮泥、钩码、垫圈、笔的重力拉动小船前进时,可用皮筋绑定,要注意水槽中水面的高度,水槽与地面的高度,以及小船固定橡皮筋的位置。

⑦弹力小船：用橡皮筋拉伸弹力拉动小船行驶,不仅要注意水槽中水面的高度,水槽与地面的高度,以及小船固定橡皮筋的位置,还要注意皮筋另一头固定的位置,测试时皮筋拉伸后不能用人力固定皮筋。

⑧反冲力小船：吹起气球,利用气球喷气的反冲力带动小船行驶。注意吹气后气球的固定方式。

（5）深入交流研讨 优化设计方案（见表4-15）

表4-15 小船设计优化方案

材料结构	动力方式			优化标准
	重力小船	弹力小船	反冲力小船	
吸管小船	橡皮泥动力	皮筋弹力	气球反冲力	1. 载重量大 2. 行驶稳定 3. 成本较低 4. 操作方便
气球小船	橡皮泥动力	皮筋弹力		
吸管+气球小船	橡皮泥动力	皮筋弹力		
橡皮泥小船		皮筋弹力	气球反冲力	
纸船	橡皮泥动力	皮筋弹力	气球反冲力	

（三）成果说明型设计案例

在项目化学习中，项目成果有两类形式：一类是说明类成果，一类是制作类成果。强调"说和写"的解释说明类成果，有用来说明产品设计理念与过程的文本、PPT 或口头报告等。如教科版（2017）五年级上册第一单元《光》第 2 课《光是怎样传播的》，项目成果就可以设计为图示、想象小品文等说明类形式。

1. 确定核心概念，学习内容与要求（见表 4-16）

表 4-16 《光是怎样传播的》核心概念，学习内容与要求

一级	二级	三级	四级	五级
跨学科概念（4项）	学科核心概念（13条）	关键概念（54条）	学段概念	单元概念	课时概念
系统与模型	3.物质的运动与相互作用	3.3 声音与光的传播	五、六年级：知道光在空气中沿直线传播	光与生活密切相关，用实验和证据证明光的特点	光是沿直线传播的

（1）寻找核心知识

《光是怎样传播的》是教科版五年级上册第一单元第 2 课的内容。单元的主题内容是"光的现象"，课时核心概念是"光是沿直线传播的"，重点认识光传播的特点及这一特点在生活中的应用。

（2）确定核心概念

对照《新课标》中 13 条核心概念确定教材指向的核心概念是第 3 条"物质的运动与相互作用"。指向的跨学科概念是"系统与模型"。

（3）确定学习内容与要求

对照《新课标》核心概念学段要求，确定教材指向的学习内容与要求。

五、六年级：知道光在空气中沿直线传播。

（4）寻找学生前概念

设计量表，调查学生对反冲力的认识。

①列举生活中光沿直线传播的现象。

②想象光不沿直线传播会怎样？

2. 制定核心素养目标

对照《新课标》核心素养要素、核心素养学段目标，结合教材指向的学习内容与要求，以及学生的前概念，制定教材训练的核心素养目标。

（1）科学观念：知道光在空气中沿直线传播。

（2）科学思维：能设计实验寻找证据证明光是沿直线传播的，能从反证的角度想象光不沿直线传播的结果。

（3）探究实践：能通过设计光传播线路图探究光是沿直线传播的。能有效改进实验器材，设计实验证明光是沿直线传播的。

（4）科学态度：能用实验数据证明自己的猜测，体验研究的快乐；体验光的特点在生产生活的作用。

3. 设计项目成果及评价要求（见表4-17）

表4-17 《光是怎样传播的》项目成果及评价要求

	成果名称	成果形式	评价要求	成果公开方式
1	青蛙"坐井观天"光的传播路线图	图示说明作品	能准确、美观绘制线路图，体现并验证光是沿直线传播的	介绍
2	假如光线可以"拐弯"	小品文说明作品	能生动有趣反证"光是沿直线传播的"想象要丰富合理	介绍
3	小孔成像仪器	制作作品及说明书	能设计实验证明光是沿直线传播的	介绍并操作演示

4. 设计驱动性问题

驱动性问题一：怎样才能让青蛙在井里看到更大更远的天空？

驱动性问题二：怎么模拟并解释小孔成像的原理？

驱动性问题三：假如光线能"拐弯"会怎样呢？

5. 设计高阶认知策略

针对驱动性问题一，设计策略是系统分析。

针对驱动性问题二，设计策略是实验。

针对驱动性问题三，设计策略是创见。

6. 设计学习实践形式及评价量表

依据核心素养目标和高阶认知策略设计具体学习实践形式：

（1）探究性实践：通过设计探究实践活动，解决驱动性问题，培养探究能力、思维素养。

（2）调控性实践：通过设计调控性实践活动引领学生喜爱探究、专注坚持、学会反思。

（3）社会性实践：通过设计社会性实践活动引导学生倾听、讨论，开展小组合作。

附：社会性实践量表评价设计（见表4-18）

表4-18 《光是怎样传播的》教学设计社会性实践量表评价

评价内容	评价表现	评价等第
倾听	1. 表现出积极倾听的身体半途姿态	一般
	2. 认真倾听完他人的观点	良好
	3. 倾听他人想法并给出回应性的思考	优秀
讨论	1. 接受多样的观点	良好
	2. 做好研讨的观点、材料准备	良好
	3. 用他人能接受的方式表达自己的观点	优秀
	4. 清晰有逻辑地表达自己的观点	优秀

续表

评价内容	评价表现	评价等第
合作	1.承担团队角色和责任	良好
	2.能为团队妥协	优秀
	3.能积极出色完成自己任务	良好
	4.能关注其他队员活动并积极协助	优秀

附：教学案例设计

光是怎样传播的

【教材简析】

《光是怎样传播的》是教科版五年级上册第一单元第2课的内容。本单元的主题内容是"光的现象"，课时核心概念是"光是沿直线传播的"，重点认识光传播的特点及这一特点在生活中的应用。本课时的关键任务是运用项目化学习方式建构"光是沿直线传播的"的核心概念，并能运用这一核心知识在具体生活情境中解决具体问题。在建构概念和解决问题过程中培养学生创新思维能力，落实核心素养目标。

【设计理念】

呵护孩子对科学的兴趣。以孩子的生活为逻辑起点，从生活现象入手，合作探究解决生活实际问题。从科学知识、科学思想、科学方法和科学精神四个层面培养孩子核心素养。突出学生主体，让每一个孩子都享受科学探究的快乐。在探究过程中引入项目化学习理念，突出学生解决问题能力训练，注重图纸方案设计。能根据"光是沿直线传播的"规律和五年级学生的认知特点、创新能力，运用项目化学习方式，围绕"调查前概念—确定核心概念—验证核心概念—应用核心概念"过程引导学生建构"光是沿直线传播的"这一核心概念。在建构核心概念过程中注重情境创设，引导学生利用驱动性问题展开探究。教学中以学生为主体，突出体验活动设计和对话交流，在情境转换中解决问题,激发学生科学探究兴趣,培养学生思维创新能力。

【设计思路】

1. 层层探究。

(1)从寓言故事导入,初步绘图探究青蛙坐井观天,视线狭窄原因。

(2)采用多种方法验证光的行进路线是直的。

①学生列举生活中看到的实例现象。

②用自制教具演示光线在空气、烟雾、水、玻璃中传播现象。

③用自制教具师生共同实验演示光沿直线穿过多个小孔现象。

(3)利用学习知识探究小孔成像的原因。

(4)小组合作,先设计图纸,再实际操练,解决部队车阵直线行进问题。

2. 突出重点。先解决光的行进路线问题,再解决光源概念问题。

3. 拓展延伸。撰写科普小短文——假如光线能拐弯。

【核心概念】

光是沿直线传播的

【教学内容与要求】

1. 知道知道光在空气中(同一种物质中)沿直线传播。

2. 光沿直线传播在生活中有广泛的应用。

【核心素养】

科学观念:知道光在空气中沿直线传播。

科学思维:能设计实验寻找证据证明光是沿直线传播的,能从反证的角度想象光不沿直线传播的结果。

探究实践:能通过设计光传播线路图探究光是沿直线传播的。能有效改进实验器材,设计实验证明光是沿直线传播的。

科学态度:感受光学世界的神奇与奥秘,能用实验数据证明自己的猜测,有兴趣与同伴合作探究,体验研究的快乐;体验光的特点在生产生活的作用。

【项目成果】

1. 青蛙"坐井观天"光的传播路线图　图示说明作品

2. 假如光线可以"拐弯"　小品文说明作品

3. 小孔成像仪器　制作作品及说明书

【高阶认知策略和学习实践形式】（见表4-19）

表4-19　《光是怎样传播的》高阶认知策略和学习实践形式

高阶认知策略		学习实践形式		备注
问题解决		探究实践	√	
创见	√	社会实践	√	
系统分析	√	调控实践	√	
实验	√	技术实践		
决策		审美实践		

【项目材料】

直尺、笔、小孔成像仪器课件、光行进演示器（试管架、试管两只、漏斗、激光笔、水、烟、玻璃板）、A4纸（附井图）、小车、激光笔

【项目实施过程】

故事导入，初步探究故事中的光学现象

同学们都听说过"坐井观天"的寓言故事。为什么小鸟说，天无边无际，大得很哪！而青蛙却说，天不过井口那么大。

学生思考讨论，各抒己见。

（1）小鸟和青蛙谁的说法是正确的？

（2）青蛙为什么只能看到井口那么大小的天空？

（3）井口怎样遮挡青蛙的视线的？学生自由画图演示，光线是怎样进入井口内的？（看哪只青蛙看到的天空最大？）（见图4-6）

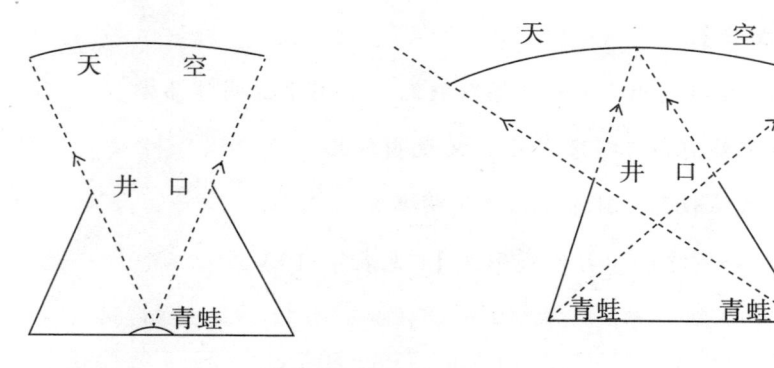

图 4-6　青蛙坐井观天视线

（4）青蛙怎样才能看到更大的天空？

发放方案设计图纸，提出方案设计具体要求：

①绘图表示青蛙视线变化，及看到天空区域变化。

②文字说明青蛙具体做法，试着解释其中原因。

方法预设：走一走、跳一跳，小鸟拿镜子或在井口壁适当位置装两面镜子，制作潜望镜，制作升降移动梯，井口浅些、大些，拿掉一块砖头……

③展示创作成果，学生介绍自己创作意图。交流评价方案设计，评比最有创意方案。

④评论并修订个人方案。

（5）质疑方案，问题再驱动。

为什么不让青蛙的视线在井口拐弯呢？（进一步明确"光是沿直线传播的"。）

光线真的不能"拐弯"吗？它的行进路线是直的吗？今天我们就来验证一下。

板书：光是怎样传播的

收集证据，设计方法，验证光是沿直线传播的

1.谈话：我们需要证实我们的想法，你认为可以使用哪些科学方法。

（1）从生活中找出光是直线行进的实例。

（2）观察。

（3）实验验证。

2.猜测必须有根据,学生从生活中寻找光是直线行进的实例。

3.探究光的行进路线(自制教具:光行进演示器)。

（1）观察光在空气、玻璃、水、烟中的行进现象。教师演示,学生描述观察到的现象。

①用激光笔照射白墙,墙上出现红斑,观察光在空气中的行进路线。

②点燃纸张,在光行进演示器1号试管中注入烟雾,用激光笔照射1号试管,观察光在烟雾中的行进路线。

③在光行进演示器2号试管中注入清水或牛奶,用激光笔照射2号试管,观察光在液体中的行进路线。

④用激光笔照射透明玻璃,观察光在固体中的行进路线。

（2）分别在1号试管、2号试管相同高度贴一张带圆孔的纸片,探究如何让光线穿过1号试管和2号试管投射到玻璃屏上。

（3）小结:光在同一种物质中总是沿直线传播的。

用光的行进原理探究解决生活问题

1.用光的行进原理探究解释小孔成像原因。

（1）学生阅读材料"墨子发现小孔成像现象"的介绍。（见图4-7）

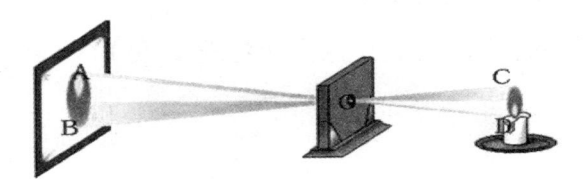

图4-7 小孔成像现象示意图

（2）出示蜡烛成像简图,学生观察并思考问题解释原因。

①屏上蜡烛的像为什么是倒立的?

②画出蜡烛光线传播线路图。

2. 用光的行进原理指导集体排队时怎样才能排列整齐。

总结拓展

1. 教师在学生举例基础上出示幻灯片展示光的现象。

2. 教师出示幻灯片同时朗诵小诗：是谁为花儿披上斑斓的舞衣？是谁把山林点染得青葱翠绿？是谁将七彩虹架上蓝天？

3. 布置课后思考题：展开想象，创作科普小短文——《假如光线可以拐弯》。

（1）想象丰富合理。

（2）列举不同猜想，字数在200字左右。

（3）能反证"光是沿直线传播的"。

4. 作品展示交流。

（1）板报。

（2）演讲说明。

（3）评出本节课最有创意的方案和小品文。

（四）发明类成果

发明类成果是指在项目化学习过程中，针对教材核心知识设计驱动性问题，引导学生在解决实际问题的过程中，利用核心知识原理创造新成果。如教科版（2017）四年级上册第三单元《运动和力》第4课《弹簧测力计》，项目成果就可以设计橡皮筋测力计的发明。

1. 确定核心概念，学习内容与要求（见表4-20）

表 4-20 《弹簧测力计》核心概念、学习内容与要求

一级	二级	三级	四级	五级
跨学科概念（4项）	学科核心概念（13条）	关键概念（54条）	学段概念	单元概念	课时概念
系统与模型	3.物质的运动与相互作用	3.1 力是改变物体运动状态的原因	1.常见的力有重力、弹力、反冲力、摩擦力等 2.给物体施加力可以改变物体运动的快慢，也可以使物体开始或停止运动	运动与重力、弹力、反冲力、摩擦力	弹力
	12.技术、工程与社会	12.1 技术与工程创造了人造物，技术的核心是发明，工程的核心是制造	五、六年级： 1.知道技术发明包括方法、程序和产品 2.知道发明会应用到一定的科学原理 3.能运用所学科学原理设计并制作简单装置，知道光在空气中沿直线传播 4.知道生活中常见的弹力是直接施加在物体上的力	能制作简单工具，正确使用工具	能根据一定原理制作简单工具

（1）寻找核心知识

《弹簧测力计》是教科版四年级上册第三单元第 4 课内容。单元的主题内容是"弹簧测力计是运用弹性原理制作的工具"，课时核心概念是"弹力"和"弹簧测力计"，重点认识弹簧测力计的原理、使用方法以及在生活中的应用。

（2）确定核心概念

对照《新课标》中 13 条核心概念确定教材指向的核心概念是第 3 条"物质的运动与相互作用"。第 12 条"技术、工程与社会"。指向的跨学科概念是"系统与模型"。

（3）确定学习内容与要求

对照《新课标》核心概念学段要求,确定教材指向的学习内容与要求。

五、六年级:

①知道技术发明包括方法、程序和产品。

②知道发明会应用到一定的科学原理。

③能运用所学科学原理设计并制作简单装置,知道光在空气中沿直线传播。

④知道生活中常见的弹力是直接施加在物体上的力。

（4）寻找学生前概念

设计量表,调查学生对弹力和弹簧测力计的认识。

①列举生活具有弹性的物体。

②了解生活中测量重力的一般方法。

2. 制定核心素养目标

对照《新课标》核心素养要素,核心素养学段目标,结合教材指向的学习内容与要求,以及学生的前概念,制定教材训练的核心素养目标。

（1）科学观念:力有大小和方向,力的大小是可以测量的;弹簧测力计是利用弹簧"拉力大,伸长长"的特征制作的;力的单位是牛顿。

（2）科学思维:结合具体情境,从不同角度,思考弹簧测力计发明过程中的具体问题,提出新颖有价值的观点和解决问题的办法,培养学生创新精神。

（3）探究实践:了解技术与工程实践的一般过程和方法,针对问题情境条件,提出创意方案,用自制的简单装置验证弹簧"受力大,伸长长"的原理。

（4）态度责任:对制作发明感兴趣,乐于与他人合作分享。体验技术发明给生活带来的便利。

3. 设计项目成果及评价要求

成果名称:橡皮筋测力计

评价要求：(1)测力计量程不低于5牛。(2)测力计刻度标记准确规范，包含0刻度。(3)测力计有指示刻度装置和悬挂重物装置。

4. 设计驱动性问题

驱动性问题一：给你两根橡皮筋，你能帮大头儿子和小头爸爸解决争论吗？

驱动性问题二：你能测出大头儿子和小头爸爸具体的重力数据吗？

驱动性问题三：比一比，看哪一组制作的测力计测量的数据最多、范围最大。

5. 设计高阶认知策略

针对驱动性问题一，设计策略是创见。

针对驱动性问题二，设计策略是问题解决。

针对驱动性问题三，设计策略是实验分析。

6. 设计学习实践形式及评价量表

依据核心素养目标和高阶认知策略设计具体学习实践形式：

(1)探究性实践：通过设计探究实践活动，解决驱动性问题，培养探究能力、思维素养。

(2)调控性实践：通过设计调控性实践活动引领学生喜爱探究、专注坚持、学会反思。

(3)社会性实践：通过设计社会性实践活动引导学生倾听、讨论，开展小组合作。

附：教学案例设计

弹簧测力计

【教材简析】

《弹簧测力计》是教科版四年级上册第三单元第4课内容。单元的主题内容是"弹簧测力计是运用弹性原理制作的工具"，课时核心概念是"弹力"和"弹簧测力计"，重点认识弹簧测力计的原理、使用方法以及在生活中的应用。本课时的关键任务是运用项目化学习方式建构"弹性原理"的核心概念,并能运用这一核心知识在具体生活情境中解决具体问题,设计并制作出橡皮筋测力计。在建构概念和解决问题过程中培养学生创新思维能力,落实核心素养目标。

【设计理念】

根据"弹力"原理和五年级学生的认知特点、创新能力,运用项目化学习方式,围绕"调查前概念—确定核心概念—验证核心概念—应用核心概念"过程引导学生建构"弹力"这一核心概念。在建构核心概念过程中注重情境创设,引导学生利用驱动性问题展开探究。教学中以学生为主体,突出体验活动设计和对话交流,在情境转换中解决问题,激发学生科学探究兴趣,培养学生思维创新能力。

【教学思路】

学生经过单元内容的学习和生活经验的积累,初步掌握力是有大小和方向的,力的大小是可以测量的。知道弹簧"受力大,伸长长"的特点。在此基础上,本案例通过制作发明弹簧测力计,继续建构"弹性"原理,认识力的单位"牛顿"。并把物质科学领域和技术工程与社会领域相关学习要求有机整合,运用项目化学习方式,实现跨学科整合,有助于学生加深概念理解,发展学生的实践能力和思维创新能力。

【核心概念】

第3条"物质的运动与相互作用"

第12条"技术、工程与社会"

【教学内容与要求】

1. 知道技术发明包括方法、程序和产品。

2. 知道发明会应用到一定的科学原理。

3. 能运用所学科学原理设计并制作简单装置,知道光在空气中沿直线传播。

4.知道生活中常见的弹力是直接施加在物体上的力。

【核心素养】

（1）科学观念：力有大小和方向，力的大小是可以测量的；弹簧测力计是利用弹簧"拉力大，伸长长"的特征制作的；力的单位是牛顿。

（2）科学思维：结合具体情境，从不同角度，思考弹簧测力计发明过程中的具体问题，提出新颖有价值的观点和解决问题的办法，培养学生创新精神。

（3）探究实践：了解技术与工程实践的一般过程和方法，针对问题情境条件，提出创意方案，用自制的简单装置验证弹簧"受力大，伸长长"的原理。

（4）态度责任：对制作发明感兴趣，乐于与他人合作分享。体验技术发明给生活带来的便利。

【项目成果】

制作作品：橡皮筋测力计

【高阶认知策略和学习实践形式】（见表4-21）

表4-21 《弹簧测力计》高阶认知策略和学习实践形式

高阶认知策略		学习实践形式		备注
问题解决	√	探究实践	√	
创见	√	社会实践	√	
系统分析		调控实践	√	
实验	√	技术实践	√	
决策		审美实践		

【项目材料】

弹簧测力计、橡皮泥、橡皮筋、弹簧、回形针、塑料板、钩码（每个钩码重0.5牛）、纸、笔

【项目实施方案过程】

课前准备，对接学生前概念

1. 用"力"组词。

2. 增加难度系数，认识"力"的特点：力有方向吗？力有大小吗？怎么表示力的大小呢？

出示课件：牛顿及力的单位

【设计意图：创设互动情境，任务驱动，对接学生前概念，激发学生自主参与交流互动的积极性，让学生从生活中认识力的不同形式和相关知识。】

创设情境，提出驱动性问题任务（一）

1. 出示实物，介绍"大头儿子和小头爸爸"的故事。谁是重力之王呢？

2. 提出驱动性问题任务（一）：给你两根橡皮筋，你能帮大头儿子和小头爸爸解决争论吗？

3. 小组合作，思考解决问题办法。

（观察橡皮筋拉伸的长度，确定谁是重力之王。）

4. 交流讨论，明确解决问题原理。

（橡皮筋有弹性，拉力大，伸长长。）

板书：　　　弹性

　　　　拉力大　伸长长

【设计意图：创设问题情境，继续激发学生自主参与交流互动的积极性。让学生从情境中思考并解决驱动性问题。】

继续创设情境，提出驱动性问题任务（二）

同学们说大头儿子是重力之王，小头爸爸很不服气，他说，除非你拿出具体重力数据，他才承认。老师再给你提供几样工具材料：（橡皮泥、橡皮筋）塑料板、笔、回形针、5个钩码（每个钩码重0.5牛）。你能测出大头儿子和小头爸爸具体的重力数据吗？

1. 小组合作,思考解决问题办法、步骤。

2. 运用问题解决策略,引导学生解决问题。

(1)明确任务目标,清楚操作条件

目标任务:称出两块橡皮泥的重力。

提供材料:橡皮泥、橡皮筋、塑料板、回形针、钩码(每个钩码重0.5牛)。

(2)依据任务原理,转化关键问题

依据皮筋"拉力大,伸长长"的原理,相同重力橡皮筋拉伸的长度是一致的。

(3)思考具体问题,模拟操作过程

①怎样固定橡皮筋?

②怎样确定橡皮筋指示刻度的位置?

③橡皮筋上下抖动怎么办?

④怎样观察和标记橡皮筋指示的刻度更准确?

(橡皮筋静止时观察刻度;画刻度和看刻度时,视线要与刻度或物体指示刻度的位置保持水平。)

(4)优化操作过程,实际操作测量

悬挂固定橡皮筋—安装橡皮筋指示刻度针—悬挂橡皮泥—标记橡皮筋拉伸刻度—取下橡皮泥,添加钩码,直到橡皮筋拉伸到标记刻度位置—计算钩码数和重力。

(5)交流实验结果,鼓励学生小发明

延续情境创设,提出驱动性问题(三)

同学们用自制的橡皮筋测力计测出了大头儿子和小头爸爸的重力后,小头爸爸不再争论了,但又有两个人提出了意见,熊大、熊二兄弟说:"我俩分别重2牛和2.5牛,你能测出来吗?"请同学们根据提供的材料,在塑料板上标记刻度,完善橡皮筋测力计。比一比,看哪一组制作的测力计测量的数据最多、范围最大。

1. 小组交流讨论

2. 完善制作测力计

3. 检查评比测力计（提示测力计的测力范围和测试时试测）

【设计意图：保持情境创设连续性，继续激发学生自主参与交流互动的积极性。让学生在情境中利用"问题解决策略"解决驱动性问题。在学生思维情境转换中继续建构"弹性"概念，培养创新思维能力。】

再续情境创设，认识弹簧测力计

同学们真厉害，大家经过自己的努力，在解决问题的过程中发明了橡皮筋测力计。但是小头爸爸还是有点疑虑，你们的小发明橡皮筋测力计合格吗？测量的结果准确吗？为了打消他的顾虑，我们用实验室的弹簧测力计再来检测一下。

1. 认识弹簧测力计

（1）结构

（2）调整0刻度

（3）试测

（4）视线与刻度保持水平

2. 用弹簧测力计测量大头儿子和小头爸爸的重力。

3. 比较小组发明橡皮筋测力计和实验室弹簧测力计的区别，如果要你到大街上买东西，你想用哪一个？

拓展比较，认识工具改进对生活的作用

1. 出示不同的测力工具图片。

2. 总结工具发展改进的意义：每一项技术的进步都要经过科学家千百次实验才能完成。同学们，我们要像科学家那样勇于探索科学原理，认真磨炼工程技术，你也是未来的大科学家！

拓展作业

光头强的挑战：我的体重是 3.1 牛，你能用自制的测力计测出来吗？

【项目评价反思】

1. 概念建构贯穿教学始终，凸显层次性。"弹性原理"是本单元和本课的核心概念，学生对生活中的"弹性"现象有较丰富的体验，但都是肤浅的、片面的。本课沿着认识"力与弹性"—体验"力与弹性"—应用"力与弹性"的思路，将概念建构贯穿教学始终，层次上不断深化。学生在体验活动和交流对话中对前概念进行"同化"和"顺应"，最终能够深刻理解，灵活运用。

2. 情境创设、问题驱动是项目化学习的关键。提出驱动性问题或任务，并能利用"问题解决策略"解决实际问题是项目化学习的关键。而驱动性问题的提出与解决都必须在特定的情境中进行。本课围绕"大头儿子和小头爸爸"提出了三个驱动性问题：（1）给你两根橡皮筋，你能帮大头儿子和小头爸爸解决争论吗？（2）你能测出大头儿子和小头爸爸具体的重力数据吗？（3）比一比，看哪一组制作的测力计测量的数据最多、范围最广。围绕"熊大、熊二、光头强"提出两个问题：（1）你能用自制的测力计测量不同重力的物体吗？（2）怎样测出 3.1 牛重力的物体？在引导学生进行思维情境转换，运用核心概念"弹性原理"解决实际问题的过程中，学生思维素养有效提升。

3. 思维训练是素养提升的核心。本课的思维训练主要体现在三个层次：（1）利用"弹性原理"规律和"替代"思维解决橡皮泥称量问题。（2）根据弹簧"拉力大，伸长长"的规律标记出弹簧不同长度表示不同物体的重量。（3）运用"弹性原理"规律解决情境中挑战任务。

（五）条件优化类

条件优化类是指在项目化学习过程中，针对教材核心知识设计驱动性问题，引导学生在解决实验操作的实际问题的过程中，优化改进实验器材，设计合理的实验方案，验证并建构核心概念。如教科版（2017）四年级上册第一单元《声音》第 3 课《声音是怎样传播的》,可以围绕优化实验器材,设计声音传播对比实验来组织项目化学习探究。

1. 确定核心概念,学习内容与要求(见表 4-22)

表 4-22 《声音是怎样传播的》核心概念,学习内容与要求

一级	二级	三级	四级	五级
跨学科概念（4 项）	学科核心概念（13 条）	关键概念（54 条）	学段概念	单元概念	课时概念
系统与模型	3.物质的运动与相互作用	3.3 声与光的传播	三~四年级:声音在不同物质中可以向各个方向传播	声音与生活密切相关,用实验探究声音产生和传播的原理	声音在不同物质中可以向各个方向传播

（1）寻找核心知识

《声音是怎样传播的》是教科版四年级上册第一单元第 3 课内容。单元的主题内容是"声音产生和传播的原理",课时核心概念是"声音在不同物质中可以向各个方向传播",重点认识声音传播的特点及这一特点在生活中的应用。

（2）确定核心概念

对照《新课标》中 13 条核心概念确定教材指向的核心概念是第 3 条"物质的运动与相互作用"。指向的跨学科概念是"系统与模型"。

（3）确定学习内容与要求

对照《新课标》核心概念学段要求,确定教材指向的学习内容与要求。

三~四年级:声音在不同物质中可以向各个方向传播。

（4）寻找学生前概念

设计量表,调查学生对声音传播的认识。

列举生活中声音传播的现象。

收集背诵关于声音的诗歌。

2. 制定核心素养目标

对照《新课标》核心素养要素、核心素养学段目标，结合教材指向的学习内容与要求，以及学生的前概念，制定教材训练的核心素养目标。

（1）科学观念：知道声音是以波的形式传播的；声音可以在气体、固体、液体中传播，而且传播的效果不一样。

（2）科学思维：能设计实验寻找证据证明声音是以波的形式传播的；声音可以在气体、固体、液体中传播，而且传播的效果不一样。

（3）探究实践：能制作土电话，并运用土电话优化实验器材，通过对比实验证明声音可以在气体、固体、液体中传播，而且传播的效果不一样。

（4）科学态度：能用实验数据证明自己的猜测，体验研究的快乐；体验声音的特点在生产生活的作用。对待科学学习要善于思考、尊重事实，学会通过掌握的资料探求事物的规律。

3. 设计项目成果及评价要求（见表4-23）

表4-23 《光是怎样传播的》项目成果及评价要求

	成果名称	成果形式	评价要求	成果公开方式
1	土电话	制作类	1.能有效传递声音 2.能在对比实验中控制变量，保证多人听话效果一致	演示实验
2	实验方案	说明作品	设计规范的对比实验方案	介绍交流

4. 设计驱动性问题

驱动性问题一：你从诗歌中听到哪些声音？它们是怎么传到你的耳朵里的呢？

驱动性问题二：声音没有脚，它是怎么向四面八方跑的呢？

驱动性问题三：声音传播的效果都是一样的吗？

驱动性问题四：你能说出其中的秘密吗？

5. 设计高阶认知策略

针对驱动性问题一、二，设计策略是系统分析。

针对驱动性问题三，设计策略是实验。

针对驱动性问题四，设计策略是系统分析。

6. 设计学习实践形式及评价量表

依据核心素养目标和高阶认知策略设计具体学习实践形式：

（1）探究性实践：通过设计探究实践活动，解决驱动性问题，培养探究能力、思维素养。

（2）调控性实践：通过设计调控性实践活动引领学生喜爱探究、专注坚持、学会反思。

（3）社会性实践：通过设计社会性实践活动引导学生倾听、讨论，开展小组合作。

（4）技术性实验：优化器材，制作土电话。

附：教学案例设计

声音是怎样传播的

【教材简析】

《声音是怎样传播的》是教科版四年级上册第一单元第3课内容。本单元的主题内容是"声音产生和传播特点及在生活中的影响"，本课时核心概念是"声音在不同物质中可以向各个方向传播"，重点认识声音可以在气体、固体、液体中以波的形式传播，且传播的效果不一样。本课时的关键任务是运用项目化学习方式建构"声音在不同物质中可以向各个方向传播"的核心概念，并能运用这一核心知识在具体生活情境中解决具体问题。在建构概念和解决问题过程中培养学生创新思维能力，落实核心素养目标。

【设计理念】

根据"声音在不同物质中可以向各个方向传播"的规律和四年级学生的认知特点、创新能力，运用项目化学习方式，围绕"调查前概念—确定核心概念—验证核心概念—应用核心概念"过程引导学生建构"声音在不同物质中可以向各个方向传播"这一核心概念。在建构核心概念过程中注重情境创设，引导学生利用驱动性问题展开探究。教学中以学生为主体，引导学生优化实验器材，制作实验器具，设计实验方案，突出体验活动设计和对话交流，在情境转换中解决问题，激发学生科学探究兴趣，培养学生思维创新能力。

【学情分析】

虽然声音是很常见的物理现象，但学生很少关注声音是如何传播的。实验中需要学生对观察的结果进行思维想象，有一定难度。四年级学生刚刚接触对比实验，对变量的控制不好把握。

【核心概念】

声音在不同物质中可以向各个方向传播

【核心素养】

科学观念：知道声音是以波的形式传播的；声音可以在气体、固体、液体中传播，而且传播的效果不一样。

科学思维：能设计实验寻找证据证明声音是以波的形式传播的；声音可以在气体、固体、液体中传播，而且传播的效果不一样。

探究实践：能制作土电话，并运用土电话优化实验器材，通过对比实验证明声音可以在气体、固体、液体中传播，而且传播的效果不一样。

科学态度：能用实验数据证明自己的猜测，体验研究的快乐；体验声音的特点在生产生活的作用。对待科学学习要善于思考、尊重事实，学会通过掌握的资料探求事物的规律。

【项目成果】

1. 制作作品：土电话

2. 说明作品：实验方案

【高阶认知策略和学习实践形式】（见表 4-24）

表 4-24 《声音是怎样传播的》高阶认知策略和学习实践形式

高阶认知策略		学习实践形式		备注
问题解决	√	探究实践	√	
创见		社会实践	√	
系统分析	√	调控实践	√	
实验	√	技术实践	√	
决策		审美实践		

【项目材料】

仿真视频、音叉、塑料鼓槌、水槽、水、纸杯、细线、牙签、抹布

【项目实施过程】

情境导入，问题驱动，认识声音是通过空气向四面八方传播的

1. 小游戏：听力测试。

同学们好，这节课需要同学们准备几样东西，不知你带来没有？

两只大眼睛，眨巴眨巴我看看，嗯，都带来了，又大又漂亮。

一双小小手，拿起来摇一摇，嗯，不错，等一会儿上课看谁的小手最灵巧。

两只小耳朵，这次我要检查一下，看谁听得最清楚。

（教师站在学生中间）前面同学能听到我讲话吗？（能）后面同学能听到我讲话吗？（能）左面、右面呢？（能）

假如有同学在上面，能不能听到老师讲话呢？为什么呢？

2. 情境检测，提出驱动性问题。

《所见》作者:袁枚(清代)(见图4-8)

图4-8 《所见》

牧童骑黄牛,歌声振林樾。意欲捕鸣蝉,忽然闭口立。

你从诗歌中听到哪些声音?它们是怎么传到你的耳朵里的呢?

(蝉的叫声,儿童的歌声,响彻整个树林。它们的声音是按照怎样的路径传播出去的呢?下面四种路径,你认为哪一种最准确?说说你的理由。(见图4-9)

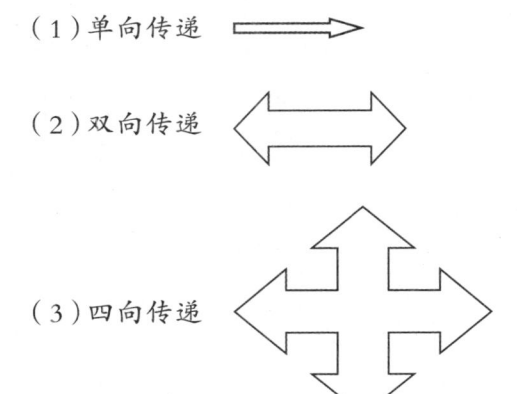

(1)单向传递 ⟶

(2)双向传递 ⟺

(3)四向传递 ⇔↕

（4）以波的形式向四面八方传递

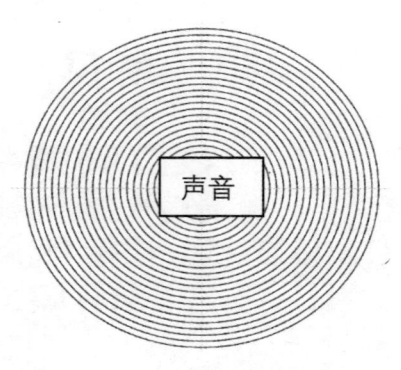

图 4-9 声音传递示意图

小结：声音从声源发出来，以波的形式向任意一个方向传播。但是，声音没有脚，它是怎么向四面八方跑的呢？

探究声音传播的路径

1. 仿真实验，揭晓答案。

观看仿真实验视频：声音在空气中可以向四面八方传播，在真空中是不能传播的。

板书：（见图 4-10）

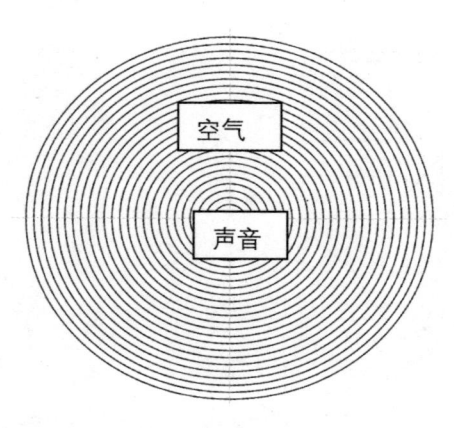

图 4-10 声音在空气中传递示意图

2. 发现问题，制作体验，认识声音可以在固体中传播。

（1）情境创设，引导学生发现问题。

将鼓锤放在学生耳边轻轻敲击三次，让学生闭上眼睛听，然后将鼓锤橡皮球一端，贴近学生耳朵敲击三次，让回答问题同学谈体验感受。（注意：距离以鼓锤长度为准，敲击力度一样。）

结果：将鼓锤放在学生耳边轻声敲听不到，但是将鼓锤橡皮球一端，贴近学生耳朵却听得很清晰。

（2）试着解释原因：声音能通过鼓锤传播，且鼓锤传播声音的效果比空气好。

是不是固体都能传播声音呢？是不是通过固体传播声音的效果都比空气中好呢？

3. 制作土电话，引导学生在体验中解决问题。

（1）制作方法步骤：钻孔—穿牙签—提线（根据小组人数，可以制作一人说多人同时听的电话，利于下面对比实验中变量控制）。

（2）体验操作要求：保持安静，组长用肢体语言安排。绷紧细线，贴紧耳朵。先在空气中小声说，然后在话筒中小声说。

板书：（见图 4-11）

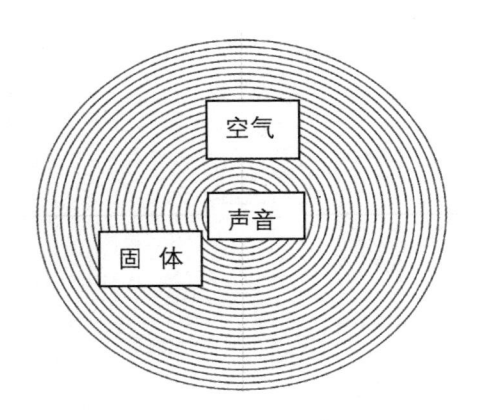

图 4-11　声音在空气、固体中传递示意图

小结：声音可以在固体中传播，并且在固体中比在空气中传播的效果

好。我们知道，物体存在有气态、固态和液态，那声音能不能在液体中传播，传播的效果是否会一样呢？

4. 设计方案，实验体验，认识声音可以在液体中传播，且与空气和固体中传播效果不同。

同学们，你想知道声音在空气、固体、水中的传播效果是否一样呢？（见表4-25）

表4-25　影响声音传递实验方案

实验时间：　　　　　　　　　　　　实验小组：

我的猜测	声音在气体、固体、液体中传播（一样、不一样）
实验材料	音叉、塑料鼓槌、水槽、水、土电话、抹布
实验方法	将土电话一端贴紧在水槽固定位置，另一端多人同时贴紧耳朵。分别敲击音叉放在空中、水中、水槽上
实验中要改变的是	音叉位置：空中、水中、水槽
实验中不能改变的是	1. 音叉位置的距离 2. 敲击的力量
我的结论	声音在固体中传播效果最好，液体一般，气体最差

板书：（见图4-12）

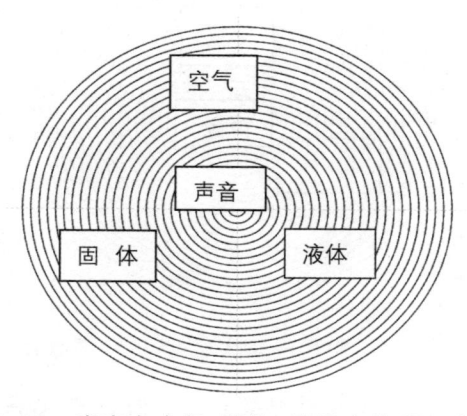

图4-12　声音在空气、固体、液体中传递示意图

迁移训练，解决实际问题

1. 声音传播方式与效果（见图 4-13）

图 4-13　声音传播方式与效果

2. 宇航员通话（见图 4-14）

图 4-14　宇航员通话

3. 地震自救（见图 4-15）

图 4-15　地震自救

作业设计：

判断下列说法是否正确，正确的打"√"，错误的打"×"。

（1）声音的传播需要借助其他的物质。　　　　　　　（　）

（2）声音在不同物质中传播的速度是相同的。　　　　（　）

（3）声音是以波的形式进行传播的。　　　　　　　　（　）

（4）将振动的音叉放入水槽内的水中，声音传播的路径是：音叉—水—水槽。　　　　　　　　　　　　　　　　　　　　　　　　（　）

（六）条件设计类

条件设计类是指在项目化学习过程中，针对教材核心知识设计驱动性问题，引导学生在解决实验操作的实际问题的过程中，自己寻找合适的实验器材，设计合理的实验方案，验证并建构核心概念。如教科版（2017）五年级下册第四单元《热》第6课《哪个导热快》，可以围绕如何选择实验器材，设计热传递对比实验来组织项目化学习探究。

1. 确定核心概念，学习内容与要求（见表4-26）

表4-26　《哪个导热快》核心概念，学习内容与要求

一级	二级	三级	四级	五级
跨学科概念（4项）	学科核心概念（13条）	关键概念（54条）	学段概念	单元概念	课时概念
物质与能量、稳定与变化	4.能的转化与守恒	4.1能的形式、转移与转化	五、六年级：1.热是能的主要形式；2.知道常见的热传递现象和影响热传递的因素	热与生活密切相关，用实验和证据证明光的特点	热在不同物体中传递的效果是不同的

（1）寻找核心知识

《哪个导热快》是教科版五年级下册第四单元《热》第6课内容。单元的主题内容是"热"，课时核心概念是"不同物体导热的性能是不同的"，重

点认识不同物体导热的性能是不同的特点,以及这一特点在生活中的应用。

（2）确定核心概念

对照《新课标》中13条学科核心概念确定教材指向的是第4条"能的转化与守恒"。指向的跨学科概念是"物质与能量、稳定与变化"。

（3）确定学习内容与要求

对照《新课标》核心概念学段要求,确定教材指向的学习内容与要求。

五、六年级：1.热是能的主要形式；2.知道常见的热传递现象和影响热传递的因素。

（4）寻找学生前概念

设计量表,调查学生对热传递的认识。

列举生活中热传递的现象。

2. 制定核心素养目标

对照《新课标》核心素养要素,核心素养学段目标,结合教材指向的学习内容与要求,以及学生的前概念,制定教材训练的核心素养目标。

（1）科学观念：知道不同物体导热的性能是不同的；发现材料因为导热性的不同在日常生活中有不同的应用。

（2）科学思维：能根据提供器材优化实验设计,完成实验探究。运用比较和归纳的办法从实验证据中发现物体导热性能差异,并能应用到真实情境中解决现实问题。

（3）探究实践：能有效改进实验器材,优化设计过程,通过探究实验证明不同物体导热的性能是不同的。

（4）科学态度：善于发现问题,并能根据实际情境条件寻找解决问题的思路。意识到实验方法的选择和改进会对实验数据的准确性产生影响。能用实验数据证明自己的猜测,体验研究的快乐,体验热传递的特点在生产生活的作用。

3. 设计项目成果及评价要求（见表4-27）

表4-27 《哪个导热快》项目成果及评价要求

成果名称	成果形式	评价要求	成果公开方式
实验方案	图示说明作品	能解决实验具体问题 规范易于操作	介绍

4. 设计驱动性问题

驱动性问题一：从同一个热水瓶中倒出同样的热水，为什么感觉不一样呢？

驱动性问题二：你能根据提供的器材提出实验解决的方法吗？

驱动性问题三：寒冷的冬天，天寒地冻，小明来到室外，从地上捡到一块硬币，光滑的硬币却像粘在手上一样，为什么呢？

5. 设计高阶认知策略

针对驱动性问题一，设计策略是系统分析。

针对驱动性问题二，设计策略是问题解决、实验。

针对驱动性问题三，设计策略是系统分析。

6. 设计学习实践形式及评价量表

依据核心素养目标和高阶认知策略设计具体学习实践形式：

（1）探究性实践：通过设计探究实践活动，解决驱动性问题，培养探究能力、思维素养。

（2）调控性实践：通过设计调控性实践活动引领学生喜爱探究、专注坚持、学会反思。

（3）社会性实践：通过设计社会性实践活动引导学生倾听、讨论，开展小组合作。

附：社会性实践量表评价设计（见表4-28）

表 4-28　《用气球驱动小车》教学设计社会性实践量表评价

评价内容	评价表现	评价等第
倾听	1. 表现出积极倾听的身体半途姿态	一般
	2. 认真倾听完他人的观点	良好
	3. 倾听他人想法并给出回应性的思考	优秀
讨论	1. 接受多样的观点	良好
	2. 做好研讨的观点、材料准备	良好
	3. 用他人能接受的方式表达自己的观点	优秀
	4. 清晰有逻辑地表达自己的观点	优秀
合作	1. 承担团队角色和责任	良好
	2. 能为团队妥协	优秀
	3. 能积极出色完成自己任务	良好
	4. 能关注其他队员活动并积极协助	优秀

附：教学案例设计

哪个导热快

【教材简析】

《哪个导热快》是五年级下册第四单元第 6 课内容。本单元核心概念是"热"，初步认识热现象和热运动规律。第 6 课是在认识热传导现象的基础上，通过探究认识不同材料制成的物体导热性能是不一样的。为下一课设计制作保温杯积累知识和经验。

本课时的关键任务是运用项目化学习方式建构"不同材料制成的物体导热性能是不一样的"的核心概念，并能运用这一核心知识在具体生活情境中解决具体问题。在建构概念和解决问题过程中培养学生创新思维能力，落实核心素养目标。

【设计理念】

根据"不同材料制成的物体导热性能是不一样的"的规律和五年级学生的认知特点、创新能力,运用项目化学习方式,围绕"调查前概念—确定核心概念—验证核心概念—应用核心概念"过程引导学生建构"不同材料制成的物体导热性能是不一样的"这一核心概念。在建构核心概念过程中注重情境创设,引导学生利用驱动性问题展开探究。教学中以学生为主体,引导学生优化实验器材,选择实验器具,设计实验方案,突出体验活动设计和对话交流,在情境转换中解决问题,激发学生科学探究兴趣,培养学生思维创新能力。

【学情分析】

虽然热传递是很常见的物理现象,但学生根据提供材料来优化设计对比实验是有难度的。其中实验方法的选择是需要高阶认知参与的。实验中需要学生对观察的结果进行思维想象,解决具体情境中问题有一定难度。五年级学生刚刚接触对比实验,对变量的控制不好把握。

【核心概念】

不同材料制成的物体导热性能是不一样的。

【教学内容与要求】

不同材料制成的物体导热性能是不一样的。

【核心素养】

科学观念:知道不同物体导热的性能是不同的;发现材料因为导热性的不同在日常生活中有不同的应用。

科学思维:能根据提供器材优化实验设计,完成实验探究。运用比较和归纳的办法从实验证据中发现物体导热性能差异,并能应用到真实情境中解决现实问题。

探究实践:能有效改进实验器材,优化设计过程,通过探究实验证明不同物体导热的性能是不同的。

科学态度:善于发现问题,并能根据实际情境条件寻找解决问题的思路。意识到实验方法的选择和改进会对实验数据的准确性产生影响。能用实验数据证明自己的猜测,体验研究的快乐,体验热传递的特点在生产生活的作用。

【项目成果】

说明作品:实验方案

【高阶认知策略和学习实践形式】(见表4-29)

4-29 《哪个导热快》高阶认知策略和学习实践形式

高阶认知策略		学习实践形式		备注
问题解决	√	探究实践	√	
创见		社会实践	√	
系统分析	√	调控实践	√	
实验	√	技术实践		
决策		审美实践		

【项目材料】

铝箔纸(两片)、三脚架(一台)、铜棒、木棒(大小、形状一样,各一根)、蜡烛(一支)、火柴(一盒)

【项目实施过程】

创设情境,发现问题

游戏:摸小棒 找答案

教师在两个相同的烧杯中倒入同样多的热水,一个烧杯中放入一根铜棒,一个烧杯中放入一根木棒(铜棒、木棒大小、形状一样)。让学生判断哪个烧杯中水的温度高。

要求:不准摸烧杯或把手伸进烧杯中。

学生经过思考,通过摸铜棒、木棒感觉烧杯中水的温度。结果铜棒较热。

揭示答案,提出问题:从同一个热水瓶中倒出同样的热水,为什么感觉不一样呢?

发现问题:铜棒和木棒的导热能力是否一样呢?

【设计意图:创设情境,任务驱动,激发学生自主参与交流互动的积极性。学生从游戏中初步体验热传递的规律,导出本节课的核心概念问题。游戏既是对学生解决问题简单的思维训练,也为课堂中问题解决铺设了前概念,提供了思路范例。另外,游戏过程也隐含一个新的情境现实问题:作为一个实验,有什么不合理的地方?】

模拟情境,寻找思路

问题任务驱动:铜棒和木棒的导热能力真的不一样吗?你能根据提供的器材提出实验解决的方法吗?

模拟实验情境,指定相关器材:铝箔纸(两片)、三脚架(一台)、铜棒、木棒(大小、形状一样,各一根)、蜡烛(一支)、火柴(一盒)。

下面依据项目化学习中高阶认知策略之一"问题解决策略"来解决任务问题。

1. 明确任务目标　清楚操作条件

(根据提供材料,自己设计实验,解决问题。)(见图 4-16)

问题:铜棒和木棒的导热能力真的不一样吗?
任务:你能根据提供的器材提出实验解决的方法吗?
器材:三脚架(一台)、铜棒、木棒(大小、形状一样,各两根)、铝箔纸(四片)、蜡烛(一支)、火柴(一盒)。

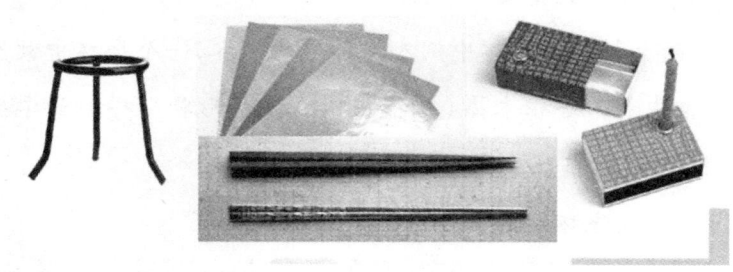

图 4-16　热传导实验材料、要求

2. 依据任务原理　转化关键问题

（挑战任务最关键是如何判断和比较热量在铜棒和木棒上传递的快慢和多少。）

3. 根据提供材料　寻找解决办法

（上课开始的游戏中提供了一种方法，将铜棒和木棒加热后用手摸感觉哪一个更热。这种办法在游戏中可以，但是用在实验中不准确也不安全，不是最好的办法。根据生活经验，蜡受热会融化，温度下降会凝固，具有黏性，再受热又会融化，温度继续升高会失去黏性。可以用蜡烛融化的蜡在铜棒和木棒上粘上火柴杆，根据蜡融化后火柴杆掉落的次序来判断铜棒和木棒导热的性能。上述操作中需要用到蜡烛、火柴、铜棒、木棒，器材中都具备，因此，方法是可行的。）

【设计意图：真实生活情境中的问题具有挑战性是因为这些问题都是结构不良的问题。所有的条件、路径及能利用的资源都不明确。问题解决策略是一个明确结构不良问题的目标与克服障碍的过程。围绕核心概念问题，模拟实验情境，让学生从选择实验条件开始解决实验现实问题。学生在运用"问题解决策略"解决问题过程中，有效进行了高阶认知思维训练。】

4. 思考具体问题　模拟操作过程

实验方法解决了，在实验中还会遇到哪些具体的问题呢？实验提供的器材能解决吗？

（1）木棒如何加热？（用锡纸包裹铜棒、木棒加热的部位。）

（2）铜棒、木棒加热时如何保持稳定？（可以平放在三脚架上加热。）

（3）如何保证锡纸包裹时不会散开？（用锡纸包裹铜棒或木棒的一端，棒头顶端留出一段锡纸，包裹以后弯折多余的部分。）

（4）如何控制铜棒、木棒加热点到火柴粘固点距离一样？（先在铜棒、木棒上距离顶端相同长度的位置做好标记，放置在三脚架上时保持加热点在相同距离的位置。)

5. 深入交流研讨　优化设计步骤

根据模拟操作的效果,不断改进,达到最佳程序设计。

测点标记—包裹锡纸—上三脚架—点燃蜡烛—粘固火柴杆—加热铜棒、木棒。

【设计意图:在实验探究活动中,把重点放在实验前的实验思路设计上。让学生在合作、交流、研讨中解决实验过程中具体问题,在任务驱动过程中,强化思路训练。训练中关注细节问题和最优化设计。】

设计方案,操作验证

方案设计是将前期问题解决的思路和方法整理出来,便于指导操作实验。设计实验方案重点围绕对比实验中变量控制的注意事项和实验操作过程细节,进行梳理。

1. 实验方案设计(见表4-30)

表4-30　《哪个导热快》实验方案

研究问题	铜棒和木棒的导热能力真的不一样吗?			
我的猜测	铜棒导热快,木棒导热慢。			
实验器材	铝箔纸(两片)、三脚架(一台)、铜棒、木棒(大小、形状一样,各一根)、蜡烛(一支)、火柴(一盒)			
改变条件	铜棒、木棒			
不变条件	1. 铜棒、木棒大小、形状 2. 加热点到火柴固定点的距离 3. 火柴黏附蜡数量			
实验过程	1. 测点标记　2. 包裹锡纸　3. 上三脚架　4. 点燃蜡烛 5. 粘固火柴杆　6. 加热铜棒、木棒(重复三次)			
实验记录	次数	1	2	3
	结果			
实验结论				

2. 操作验证

操作验证过程注意细节，做第 2 次和第 3 次实验时，铜棒、木棒导热性能已经发生变化，可再取一组铜棒、木棒重复实验，或间隔一段时间，让铜棒、木棒回到初始状态。

3. 分析归纳

分析实验结果，得出实验结论：不同物体导热性能不一样，铜棒的导热性能比木棒强。

分析实验过程，总结实验经验：铜棒、木棒导热的实验是简单的，结果是显而易见的，但学生经历实验的过程是丰富的。比如：如何设计对比实验，如何依据条件解决实验中的具体问题，如何规范操作，注意实验细节问题。

拓展训练，学以致用

1. 知识原理运用，解决情境生活问题。

（1）厨房中的炒锅为什么多用金属制作，而锅柄都用塑料或木材制作？

（2）寒冷的冬天，天寒地冻，小明来到室外，从地上捡到一块硬币，光滑的硬币却像粘在手上一样，为什么呢？（见图 4-17）

图 4-17　冬季室外

2. 方法思路运用，解决实验普遍问题。

（1）自己选择材料，设计实验，探究不同的金属材料（铜、铁、铝、不锈钢）和非金属材料（塑料、木材）的导热性能，并按导热性能从高到低排序。

（2）自己选择材料，设计实验，探究热量在金属条和金属片上的传导方向。

3. 综合分析运用，解决课堂现实问题。

课堂开始的游戏中，从热水瓶中倒出同样的热水，为什么感觉不一样呢？如果作为一个对比实验，怎样做才能准确比较出两杯水的温度高低呢？（只能改变一个变量，即两杯水。必须用两根同样长短、粗细的铜棒。不能用一根铜棒，不能用木棒，木棒导热慢会影响实验效果。）

【设计意图：学以致用既是对核心概念知识的有效建构，更是对学生思维训练的深化。学以致用要密切结合学生的课堂学习和生活实际，创设情境，提出问题。】

【教学反思】

1. 思维训练是素养提升的核心。本课的思维训练贯通课堂实验探究整个过程，主要体现在四个层次：（1）课前导入解决游戏中的问题解决。（2）根据提供材料解决关键问题——实验方法设计。（3）根据提供条件讨论解决实验具体问题。（4）迁移教学情境，学以致用解决课堂和生活实际问题。

2. 问题或任务驱动是项目化学习的关键。提出驱动性问题或任务，并能利用"问题解决策略"解决实际问题是项目化学习的关键。本课思维训练的重点是设计情境问题，引导学生运用高阶认知策略解决问题。在解决问题过程中建构知识概念，有效进行思维训练。

3. 磨刀不误砍柴工。在实验探究教学活动中，把教学重点放在实验之前的合作、交流、研讨上，放在实验方案思路的整理设计上，后面的实验才能水到渠成。小学科学实验探究突出创设学习环境,为学生提供更多自主选择的学习空间和充分的探究式学习机会;强调做中学和学中思,通过合作与探究,逐步培养学生提出科学问题的能力、收集和处理信息的能力、获取新知识的能力、分析问题和解决问题的能力,以及交流与合作的能力等。发展学生的创造性、批判性思维和想象力,培养学生基本的科学素养。

附1：器材优化设计项目成果

（一）气球小车设计（见图附1-1）

图附1-1　气球小车

实验困境：《用气球驱动小车》一课探究的重点是影响小车运动距离的因素。它包括气球充气量的多少、小车重量的大小、气球喷气速度的快慢。难点是控制气球充气量的多少和车身重量的大小。

1. 可升降限气杆

常规的气球充气变量控制的办法是控制充气筒充气的次数。充气筒有脚踏式和手推式两种，气筒每次充气多少完全凭手脚的感受。有些质量一般的气筒使用几次后充气量越来越少。另外气筒出气口与气球进气口有时密封不紧，充进气球的气有时多有时少。因此，实验中经常以大气球和小气球来粗略估计充气量的多少。在研究小车运动距离与气球充气量多少的实验中，由于气球充气量是唯一变量，用对比明显的大气球和小气球实验，基本不影响实验结果。但是，在研究喷气口大小和车身轻重与小车运动距离实验时，气球充气量是不可变化条件。按每组实验最低3次计算，一项实验最少需要6次给气球充气。以上办法无法保证6次充气量相同，甚至相似。在实际操作实验中，气球充气量的不确定性经常导致同组实验结果大相径庭。

解决策略：制作一根可升降限气杆能有效地解决上述问题。（见图附1-1）

将吸管固定在小车上，弯曲吸管指向充气的气球。气球充气到达吸管位置即可。需要更多充气量，只要将吸管上升到更高的位置即可。改装小车竟赛时需要最大的充气量,吸管无法升高时,可将弯管伸直或取下吸管即可。这样的改进设计,方便操作,变量地控制从粗略观测到精准测定,有利于发展学生精益求精的思维品质,帮助学生养成精确化的科学习惯。

2. 可拆卸备用轮

常规的气球小车轻重变量的控制办法是用两辆轻重不同的小车做实验。这样做,也会产生一些问题。一组实验结束后,要将喷气口和气球等各种部件从一个小车上拆卸下来重新安装到另一个小车上,而两辆小车除重量以外,一定存在其他不同因素。

如何解决这一问题呢? 很简单,预先安装备可拆卸用轮即可。(见图附1-2)

图附1-2 可拆卸备用轮

将学校实验室重力小车的铁轮拆下来,用橡皮筋固定在小车车身下方。为保证实验快捷方便,课前预先将备用轮安装好,设计实验时,第一组先用有备用轮小车做实验3次,然后去掉备用轮再做3次。

(二)摆的设计(见图附1-3)

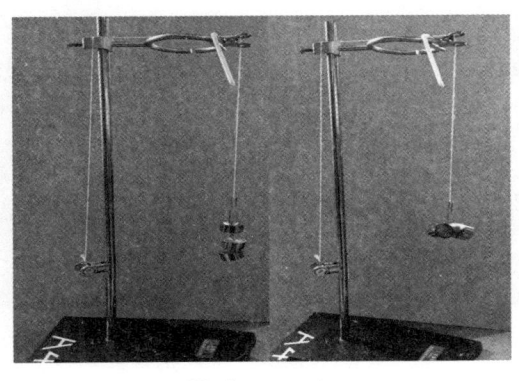

图附1-3 摆

实验困境：《摆的设计》一课探究的重点是影响摆摆动快慢的因素。它包括摆绳的长短、摆锤质量的大小、摆幅的大小。难点是控制摆幅的大小和摆绳的长短。

1. 可升降摆绳

在做摆的探究实验时，探究摆绳的长短是否影响摆摆动快慢是重点内容。在控制这一变量时，传统的做法是在铁架台上端打结，这种做法很费时、费事。

解决办法是使用两个夹子，一个夹子固定在铁架台顶端，摆绳从夹子孔中穿过，可以自由穿行、滑动。另一个夹子夹在铁架台的立柱上，固定在可以随时上下移动，摆绳一端固定在可以移动的夹子上。这样，上下移动立柱上的夹子，就可以轻松控制摆绳的长短。（见图附1-3）

2. 可开合限幅杆

在做摆幅的大小是否影响摆摆动快慢时，传统的做法是在铁架台顶端固定一个量角器，这种操作麻烦且效果不佳。

解决办法是利用铁架台顶端的夹子固定一个可弯曲的吸管即可。做实验时不需要精确的角度摆幅，只要弯曲吸管控制两个角度就可以完成实验。

（三）小雨伞大宇宙（见图附1-4）

图附1-4 小雨伞大宇宙

实验困境：《北极星不动的秘密》一课为引导学生探究北极星不动的原

因，教材设计了三个活动：1. 画星星、转星星。用第一张纸板画出北极星和周围星星，在北极星位置用图钉固定。用第二张纸板遮住第一张纸板下半部分。逆时针旋转第一张纸板，可以看到北极星不动而离北极星较远的星星东升西落的现象。2. 转转椅。先将第一张纸板贴在天花板上，然后坐在转椅上眼睛盯住北极星。转动转椅，体验北极星不动，其他星星围绕北极星旋转。3. 转陀螺。观察陀螺围绕轴心旋转，轴心是"不动"的。即使轴心倾斜，陀螺依然旋转。三个活动，操作起来有些烦琐。第二个活动，将纸板贴在天花板上，困难很大，课堂教学中准备一把转椅，也不方便。

解决策略：怎样简单、直观、有效地演示北极星"不动"的奥秘呢？一把雨伞就可以简化烦琐的三次操作。

1. 标记：在雨伞中心顶端贴上北极星标记，在中蝶（伞骨与支撑附架结合处）、珠尾处分别贴上星星标记。2. 演示：（1）一人单独演示。左手手持撑开的雨伞伞柄，右手手掌支撑伞柄中间并遮挡视线看不到伞面下半部分。让雨伞竖直向上或倾斜对着北方。眼睛盯住雨伞中心顶端，按逆时针方向旋转雨伞，体验轴心是"不动"的，北极星是"不动"的，星星是东升西落的。（2）两位同学配合演示。一位同学像演示（1）一样双手持雨伞站立不动，另一位同学站在伞柄下端，眼睛盯住北极星位置逆时针旋转。体验北极星在地轴延长线上，处于视线旋转中心，所以保持不动。而其他星星好像围绕北极星旋转，而且是东升西落。实验的目的是让学生在实验中获得直观的感受，促进学生的科学理解，而实验器材的选择，完全可以因需制宜，不必囿于教材，而应着眼于学生的深度理解。一把伞的价值不仅在于让学生理解了北极星"不动"的奥秘，更让学生体会到科学与生活之间的内在联系，养成"用科学解释生活，用生活理解科学"的思维习惯，从而提升学生科学素养。

（四）食物链与食物网

《食物链与食物网》一课，重点让学生从生活情境中认识动物之间的食物链条关系和相互依存关系。怎样给学生创设一个丰富而又真实的生活情境呢？

1. 棒打虎游戏（见图附1-5）

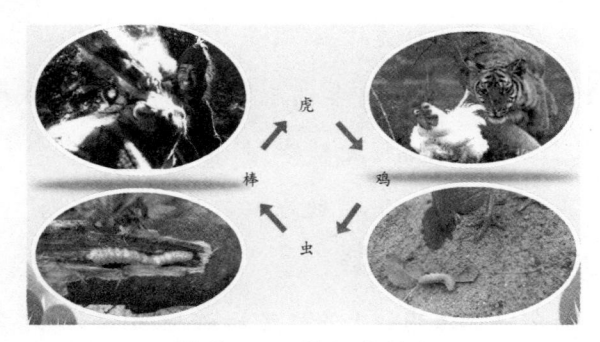

图附1-5　棒打虎游戏

学生先分别理解每幅图的意思，然后将四幅图联系起来，通过现场游戏认识动物之间的食物关系和依存关系。

2. 草原食物网（见图附1-6）

图附1-6　草原食物网

（五）橡皮泥不沉怎么办呢？

实验意外：在《物体的沉浮》探究实验中，橡皮泥是沉的物体。根据物体沉浮的规律，在水不下沉的物体，只要不改变物体的结构性质，无论是大是小，是方是圆，它永远是下沉的。

教师在实验中一边追问，一边演示，效果很好。

师：一整块橡皮泥

生：沉

演示结果：沉

师：一半橡皮泥

生：沉

演示结果：沉

师：橡皮泥 10%

生：可能沉

演示结果：沉

师：橡皮泥屑沫

生：可能沉，也可能浮吧

演示结果：浮

为什么呢？灰尘再小，在空气中最后也会落到地面，橡皮泥应该下沉呀。

探究原因：水表面有张力，阻碍橡皮泥下沉。

解决办法：用镊子夹住橡皮泥屑沫，放到水中间，再观察橡皮泥的沉浮。（见图附 1-7）

图附 1-7　橡皮泥的沉浮

演示结果：沉

附2：表格式微项目化学习案例（见表附2-1）

表附2-1　小学科学课堂项目化学习教学设计案例

课题名称	第4课《弹簧测力计》			教师	
教材版本	教科版	年级	四年级上册	单元	第四单元
选择项目主题	项目任务：发明测力计				
确立学习目标	（1）科学观念：力有大小和方向，力的大小是可以测量的；弹簧测力计是利用弹簧"拉力大，伸长长"的特征制作的；力的单位是牛顿。 （2）科学思维：结合具体情境，从不同角度，思考弹簧测力计发明过程中的具体问题，提出新颖有价值的观点和解决问题的办法，培养学生创新精神。 （3）探究实践：了解技术与工程实践的一般过程和方法，针对问题情境条件，提出创意方案，用自制的简单装置验证弹簧"受力大，伸长长"的原理。 （4）态度责任：对制作发明感兴趣，乐于与他人合作分享。体验技术发明给生活带来的便利。				
拟定驱动性问题	驱动性问题一：给你两根橡皮筋，你能帮大头儿子和小头爸爸解决争论吗？ 驱动性问题二：你能测出大头儿子和小头爸爸具体的重力数据吗？ 驱动性问题三：比一比，看哪一组制作的测力计测量的数据最多、范围最大。				
项目成果与评价要求	成果名称：橡皮筋测力计 评价要求：刻度规划细致，制作美观实用，测量范围不低于4牛。				

续表

高阶认知策略及学习实践方式	设计高阶认知策略： 针对驱动性问题一，设计策略是创见。 针对驱动性问题二，设计策略是问题解决。 针对驱动性问题三，设计策略是实验分析。 设计学习实践形式： 依据核心素养目标和高阶认知策略设计具体学习实践形式： （1）探究性实践：通过设计探究实践活动，解决驱动性问题，培养探究能力、思维素养。 （2）调控性实践：通过设计调控性实践活动引领学生喜爱探究、专注坚持、学会反思。 （3）社会性实践：通过设计社会性实践活动引导学生倾听、讨论，开展小组合作。	
资源材料	弹簧测力计、橡皮泥、橡皮筋、弹簧、回形针、塑料板、钩码（每个钩码重0.5牛）、纸、笔	
项目实施方案过程	入项活动	一、课前准备，对接学生前概念 1.用"力"组词。 2.增加难度系数，认识"力"的特点：力有方向吗？力有大小吗？怎么表示力的大小呢？ 出示课件：牛顿及力的单位 【设计意图：创设互动情境，任务驱动，对接学生前概念，激发学生自主参与交流互动的积极性，让学生从生活中认识力的不同形式和相关知识。】 二、创设情境，提出驱动性问题任务（一） 1.出示实物，介绍"大头儿子和小头爸爸"的故事。谁是重力之王呢？ 2.提出驱动性问题任务（一）：给你两根橡皮筋，你能帮大头儿子和小头爸爸解决争论吗？ 3.小组合作，思考解决问题办法。 （观察橡皮筋拉伸的长度，确定谁是重力之王。） 4.交流讨论，明确解决问题原理。 （橡皮筋有弹性，拉力大，伸长长。） 板书： 弹性 拉力大 伸长长 【设计意图：创设问题情境，继续激发学生自主参与交流互动的积极性。让学生从情境中思考并解决驱动性问题。】

续表

| 项目实施方案过程 | 认知实践 | 三、继续创设情境，提出驱动性问题任务（二）
同学们说大头儿子是重力之王，小头爸爸很不服气，他说，除非你拿出具体重力数据，他才承认。老师再给你提供几样工具材料：（橡皮泥、橡皮筋）塑料板、笔、回形针、5个钩码（每个钩码重0.5牛）。你能测出大头儿子和小头爸爸具体的重力数据吗？
1. 小组合作，思考解决问题办法、步骤。
2. 运用问题解决策略，引导学生解决问题。
（1）明确任务目标，清楚操作条件
目标任务：称出两块橡皮泥的重力
提供材料：橡皮泥、橡皮筋、塑料板、回形针、钩码（每个钩码重0.5牛）
（2）依据任务原理，转化关键问题
依据皮筋"拉力大，伸长长"的原理，相同重力橡皮筋拉伸的长度是一致的。
（3）思考具体问题，模拟操作过程
①怎样固定橡皮筋？
②怎样确定橡皮筋指示刻度的位置？
③橡皮筋上下抖动怎么办？
④怎样观察和标记橡皮筋指示的刻度更准确？
（橡皮筋静止时观察刻度；画刻度和看刻度时，视线要与刻度或物体指示刻度的位置一平。）
（4）优化操作过程，实际操作测量
悬挂固定橡皮筋—安装橡皮筋指示刻度针—悬挂橡皮泥—标记橡皮筋拉伸刻度—取下橡皮泥，添加钩码，直到橡皮筋拉伸到标记刻度位置—计算钩码数和重力。
（5）交流实验结果，鼓励学生小发明 |
| | 成果展示 | 四、延续情境创设，提出驱动性问题（三）
同学们用自制的橡皮筋测力计测出了大头儿子和小头爸爸的重力后，小头爸爸不再争论了，但又有两个人提出了意见，熊大、熊二兄弟说："我俩分别重2牛和2.5牛，你能测出来吗？"请同学们根据提供的材料，在塑料板上标记刻度，完善橡皮筋测力计。比一比，看哪一组制作的测力计测量的数据最多、范围最大。 |

项目实施方案过程	成果展示	1. 小组交流讨论 2. 完善制作测力计 3. 检查评比测力计（提示测力计的测力范围和测试时试测） 【设计意图：保持情境创设连续性，继续激发学生自主参与交流互动的积极性。让学生在情境中利用"问题解决策略"解决驱动性问题。在学生思维情境转换中继续建构"弹性"概念，培养创新思维能力。】 五、再续情境创设，认识弹簧测力计 同学们真厉害，大家经过自己的努力，在解决问题的过程中发明了橡皮筋测力计。但是小头爸爸还是有点疑虑，你们的小发明的橡皮筋测力计合格吗？测量的结果准确吗？为了打消他的顾虑，我们用实验室的弹簧测力计再来检测一下。 1. 认识弹簧测力计 （1）结构 （2）调整0刻度 （3）试测 （4）视线与刻度保持水平 2. 用弹簧测力计测量大头儿子和小头爸爸的重力。 3 比较小组发明橡皮筋测力计和实验室弹簧测力计的区别，如果要你到大街上买东西，你想用哪一个？
	反思迁移	六、拓展比较，认识工具改进对生活的作用 1. 出示不同的测力工具图片。 2. 总结工具发展改进的意义：每一项技术的进步都要经过科学家千百次实验才能完成。同学们，我们要像科学家那样勇于探索科学原理，认真磨炼工程技术，你也是未来的大科学家！ 七、拓展作业 光头强的挑战：我的体重是3.1牛，你能用自制的测力计测出来吗？

续表

项目评价反思	1.概念建构贯穿教学始终,凸显层次性。"弹性原理"是本单元和本课的核心概念,学生对生活中的"弹性"现象有较丰富的体验,但都是肤浅的、片面的。本课沿着认识"力与弹性"—体验"力与弹性"—应用"力与弹性"的思路,将概念建构贯穿教学始终,层次上不断深化。学生在体验活动和交流对话中对前概念进行"同化"和"顺应",最终能够深刻理解,灵活运用。 2.情境创设、问题驱动是项目化学习的关键。提出驱动性问题或任务,并能利用"问题解决策略"解决实际问题是项目化学习的关键。而驱动性问题的提出与解决都必须在特定的情境中进行。本课围绕"大头儿子和小头爸爸"提出了三个驱动性问题:(1)给你两根橡皮筋,你能帮大头儿子和小头爸爸解决争论吗?(2)你能测出大头儿子和小头爸爸具体的重力数据吗?(3)比一比,看哪一组制作的测力计测量的数据最多、范围最广。围绕"熊大、熊二、光头强"提出两个问题:(1)你能用自制的测力计测量不同重力的物体吗?(2)怎样测出3.1牛重力的物体?在引导学生进行思维情境转换,运用核心概念"弹性原理"解决实际问题的过程中,学生思维素养有效提升。 3.思维训练是素养提升的核心。本课的思维训练主要体现在三个层次:(1)利用"弹性原理"规律和"替代"思维解决橡皮泥称量问题。(2)根据弹簧"拉力大,伸长长"的规律标记出弹簧不同长度表示不同物体的重量。(3)运用"弹性原理"规律解决情境中挑战任务。

参考文献

［1］郁波．科学教师教学用书［M］．北京：教育科学出版社，2020．

［2］雷声，王峥媚．科学［M］．北京：教育科学出版社，2021．

［3］夏雪梅．项目化学习设计：学习素养视角下的国际与本土实践［M］．北京：教育科学出版社，2021．

［4］义务教育小学科学课程标准2021版：倡导探究式学习［S］．中华人民共和国教育部，2022．

［5］李吉林．李吉林与情境教育［M］．北京：北京师范大学出版社，2019．

［6］陈芳，程小文．今日课堂缺什么［M］．南京：南京大学出版社，2011．

［7］郭元祥．深度教学：促进学生素养发育的教学变革［M］．福州：福建教育出版社，2021．

［8］中国大百科全书总编辑委员会．中国大百科全书．教育［T］．北京：中国大百科全书出版社，1985．

［9］姚晓春．小学科学建构：探究式教学的设计的理论与实践［M］．

上海：华东师范大学出版社，2018.

［10］王国强．具有江苏特色的 STEM 教育体系构建与实践研究［R］．江苏省第三届 STEM 大会的学习汇报（苏州），2019.

［11］曲培波．智慧课堂"赋能"思维学习生态［J］．中国教育学刊，2022（01）：

［12］余文森著．核心素养导向的课堂教学［M］．上海：上海教育出版社，2017.

［13］李忠秋．结构思考力［M］．北京：电子工业出版社，2014.

［14］尹逊朋．指向创新素养培育的普通高中项目式教学实践与研究［J］中国教育学刊，2022（04）．

［15］［日］佐藤学．静悄悄的革命：课堂改变，学校就会改变［M］．李季湄译．北京：教育科学出版社，2014.

［16］曾宝俊．微亦足道：小学科学课堂细节研究［M］．北京：高等教育出版社，2018.

［17］［日］杜威．我们怎样思维：经验与教育［M］．北京：人民教育出版社，2005.

［18］高时良．学记［M］．北京：人民教育出版社，2016.

［19］［美］兰本达．小学科学教育的"探究—研讨"教学法［M］．陈德彰译．北京：人民教育出版社，2010.

后　记

2021年9月，睢宁县王集镇中心小学组建课题小组，筹划申报江苏省"十四五"规划课题。中心校陈茂金校长、魏群副校长提出指导意见，重点组织开展项目化学习研究。课题组经过认真学习讨论，请教专家论证，最终确定课题《基于思维情境转换的小学科学课堂项目化学习设计》，旨在通过课题研究，引领教师转变教学观念和教学方式，注重在基础学科课堂教学中提升学生核心素养。

课题研究过程中，课题组成员一直有困惑：《新课标》提倡大单元跨学科整合学习，项目化学习一般都在综合性大项目中开展。开展课时微项目研究是否可行？把思维素养提升落实在思维情境转换上是否合适？

感谢江苏师范大学杨淑芬教授、王靖懿教师、刘月芳教授悉心指导，教授点拨给课题组指明方向：项目化学习是一种学习形式，更是一种学习理念，只要运用项目化学习形式，体现项目化学习理念就是项目化学习。在项目化学习中，进行跨学科、大单元概念建构是必需的，但是跨学科、大单元概念建构最终要落实到具体的项目任务群上，落实到具体的目标任务上。

课题组根据专家指导，调整研究方向，大处着眼，小处着手。项目化学习设计先站在大单元的高度，围绕大概念设计任务群，然后从课时入手，设计小项目。

课题研究最终要落实到课堂教学设计和教学实践上，在实践研究过程中，徐州市教育科学研究院李宾、胡晓虹、王建军、左兆军、王波等专家，睢宁县教师发展中心尤胜响、宋晓楼、张航、鲍燕等领导亲自参与课堂教学现场指导，在此感谢各位专家、领导辛勤付出。

本书是课题研究的成果，感谢课题组成员的辛勤付出。本书核心思想是"用小项目建构大概念"，让项目化学习深深扎根在课堂教学中，我们会继续探索，有缘读到这里的人，如果你也和我们有同样的体验，请你多多指教。

李松叶
2023 年 6 月 15 日

附：课题组成员论文成果

基于概念建构的学科项目化学习策略

睢宁县王集镇中心小学　李松叶

【提要】 任何概念性知识的学习都必须在思维的情境迁移中进行概念的再建构。在科学课堂教学中针对科学概念知识开展项目化学习，首先要遵循项目化学习规律进行教学设计：确定核心概念—预设项目化成果—搭建情境平台—提出驱动性问题—设计认知程序。然后按照项目化教学程序组织课堂教学：创设问题情境认识核心概念—结合生活情境验证核心概念—利用驱动问题探究核心概念—解决实际问题应用核心概念。

【关键词】 项目化学习；概念建构；情境平台；驱动问题；认知程序

2019年6月23日，中共中央、国务院发布《关于深化教育教学改革全面提高教育教学质量的意见》指出：要优化教学方式，注重启发式、互动式、探究式教学，融合运用传统和现代教学手段，重视情境创设，探索基于学科的课程综合化教学，开展研究型、项目化、合作式学习。

当下，学校项目化学习正在逐渐从超学科拓展项目化、跨学科综合项目化向基础学科项目化回归。但是，不少老师认为："学科项目化"这把"牛刀"是系统建构学科大概念的学习，它适应于单元知识网的建构。如果在单课时课堂教学中针对科学概念知识运用项目化学习，不仅时间有限，更是大材小用了。

并非如此！任何概念性知识的学习，都应该是本质概念的再建构过程。是训练学生思维在情境迁移中灵活转换的过程。课堂教学是学生科学概念建构的主阵地，在课堂教学中开展项目化学习是必要的,也是可行的。

课堂项目化教学设计包括四个环节:寻找并确定核心概念—预设项目化成果和评价标准—搭建情境平台,提出驱动性问题—设计认知程序,组织课堂教学。其中认知程序就是课堂教学实施过程,包括四个环节:创设问题情境认识核心概念—结合生活情境验证核心概念—利用驱动问题探究核心概念—解决实际问题应用核心概念。

下面分别从几个教学案例具体谈谈如何在课堂教学中针对核心概念知识开展项目化学习。

一、寻找并确定核心概念

从知识点的教学转为指向核心概念知识的建构。项目化学习的设计不是从项目或活动开始的,而是要寻找与这个项目化学习相关的关键概念及一系列与之相关的知识和技能(包括学科以外的知识)。要对这个概念及其子概念、具体的事实性知识、程序性知识之间关系建立联系,这种联系直接决定项目化学习的质量。

1. 单概念转化

单概念转化是指在基础学科教材中针对每一课的单一的概念目标进行项目化学习设计。在寻找核心概念的过程中必须明确学科知识、技能目标背后的核心目标,结合《新课标》科学概念分级体系,确定核心概念。以《用气球驱动小车》(2017教科版四年级上册第三单元第2课)为例。

科学概念分级体系

一级	二级	三级	四级	五级
科学领域 (四项)	本质概念 (24个)	核心概念 (141条)	单元 科学概念	课时 科学概念
1.物质科学	1.5力作用于物体会改变物体的运动状态	1.5.1力直接或者间接施加在物体上	1.物体运动有不同形式,如滑动、滚动、反冲运动。运动的快慢是可以测量和比较的。 2.力有大小和方向,力的大小是可以测量的。	气球里的气体喷出时,会产生一个和喷出方向相反的力,叫反冲力。

依据《课程标准》概念体系和教材单元、课时目标要求,首先确定本课时探究的核心概念是"反冲力"。明确本课时的目标是让学生在情境中认识反冲力的特征,验证反冲力的规律,利用反冲力的原理解决实际问题。在思维训练过程中建构反冲力的科学概念。

2. 双概念优化

双概念优化是指项目化学习可以利用自身整合的优势将多课时的信息内容进行整合,达到最优化的教学设计。

下面以2017教科版五年级上册第三单元《计量时间》第4课《机械摆钟》、第5课《摆的快慢》、第6课《制作钟摆》为例,谈谈如何应用项目化学习策略进行整合设计,在单课时课堂内完成双概念优化设计。

科学概念分级体系

一级	二级	三级	四级	五级
科学领域（四项）	本质概念（24个）	核心概念（141条）	单元科学概念	课时科学概念
4. 技术领域	4.1 人们设计不同的仪器和工具来满足各种用途	4.1.3 测量仪器可以帮助人们对不同的物体和现象进行比较	有规律运动的装置可以用来计量时间。	第4课：单摆具有等时性。第5课、第6课：摆的摆动快慢与摆长有关。摆越长，摆动越慢。

依据《课程标准》概念体系和教材单元目标、课时目标要求，上述三课的概念目标有两个：(1)单摆具有等时性。(2)摆的摆动快慢与摆长有关。摆越长，摆动越慢。这两个概念目标中，"摆的等时性"是单元总目标的"物体有规律运动可以计时"的一部分。"摆的摆动快慢与摆长有关。摆越长，摆动越慢。"是摆探究的要点。"影响摆摆动快慢的因素"又是"摆的等时性"中包含的内容。因此，可以利用项目化学习整合的优势将这三课内容合并探究，且探究的重点可以落在研究影响摆摆动快慢的因素这一核心概念上。

3. 多概念重组

多概念重组是指在基础学科教材单元综合训练课中（一般为单元最后一课），设计项目化学习复习单元知识，进行综合拓展训练。项目化学习一般采取发散式网状结构，设计成单元系列，由中心概念到子概念进行探究学习。在进行单元知识概念复习或中心概念拓展应用训练时，也可以采取集中式网状结构，利用项目化学习整合的优势将单元知识概念进行再建构。

下面仍然以2017教科版五年级上册第三单元《计量时间》和其中第7课《计量时间和我们的生活》为例。

先看看单元核心概念和每一课的概念目标要求。

单元核心概念	分课时	概念目标要求
一些有规律运动的装置可以用来计量时间。	1. 时间在流逝	1. 阳光下物体影子有规律变化，可以计时。2. 香、蜡烛燃烧速度有规律可以计时。
	2. 用水计量时间	水能以稳定的速度往下流，可以制作水钟。
	3. 我们的水钟	同上
	4. 机械摆钟	单摆具有等时性。
	5. 摆的快慢	1. 单摆具有等时性。2. 摆长影响摆摆动的快慢。
	6. 制作钟摆	同上
	7. 计量时间和我们的生活	1. 计时工具设计运用了物体运动什么规律？2. 说说我们知道的计时工具。

以上目标概念中,影子变化、蜡烛燃烧、水的滴漏、摆的快慢都指向一个核心概念:计时工具的等时性。

因此,在第7课《计量时间和我们的生活》项目化设计中,可以采取单元集中式网状结构,利用项目化学习整合的优势从多概念中归纳出共性,寻找核心概念"等时性"(有规律运动的装置可以用来计量时间)。然后再围绕"等时性"回到生活中进行应用探究。达到知识建构,思维训练的目标。

二、预设项目化成果和评价标准

项目化学习一般以成果为目标激励学生探究,也就是说教师在上课之前要让学生"胸有成竹",课堂教学就是引导学生把"胸中的竹子"完美地展现出来。

《用气球驱动小车》一课围绕反冲力预设达成三项成果。

成果形式	评价要求	备注
1. 完善的实验方案	能小组合作设计"探究影响气球小车运动距离因素"的方案。	交流方案
2. 完美的气球小车	能根据实验结论改装气球小车,并能在比赛中取得最好成绩。	测距比赛
3. 可行的问题策略	能根据所学知识提出策略,解决"让气球乖乖地飞到指定位置"问题。	图纸设计

"摆的探究"一课预设的项目化成果有三条:(1)小组制作一个单摆;(2)小组完成探究影响摆摆动快慢因素的方案;(3)小组制作一个摆钟(1分钟摆动60次)。

三、搭建情境平台,提出驱动性问题

项目化学习设计的突破口是设计驱动性问题,也叫挑战性问题。项目化学习关注的核心知识是本质问题,为了让学生能够接受,项目化学习选择的突破口是设计驱动性问题。首先,项目化学习设计一个真实的问题情境,这个真实的问题情境可以是生活中的现实,也可以是模拟的生活情境。在这个真实情境中,学生所学知识和能力是真实的,运用的思维方式是真实的,学生解决问题的思路是可以迁移的。然后,项目化学习设计具体的驱动性问题。驱动性问题即指向本质问题,又指向学生的生活情境。既具有探索性,又具有趣味性或挑战性。学生通过解决驱动性问题,实现对知识能力的建构、素养的提升。

驱动性问题是项目化学习中教师、学生、教材联系的中枢,是探究核心概念的切入口。问题因情境而生,情境依问题而存。因此,创设问题情境是提出问题的关键。

《用气球驱动小车》一课的核心概念是反冲力。教学中首先给学生创设一个游戏和魔术的情境。小游戏《让气球入座》让两个学生将气球吹气后瞄准座位放飞,让气球飞回座位上去。结果气球像孙大圣一样,翻着跟斗飞跑了。(学生在瞄准时已经在猜测气球向什么方向喷气,会怎样运动)小魔术《降伏孙大圣》是让所有学生将气球吹气后在掌心内放飞,结果气球怎么也飞不出手掌心。(学生能感受到气球喷气时对手掌的推力)在此基础上,提出第一个驱动性问题:气球没有翅膀,怎么能飞起来呢?学生根据自己的观察和体验,在思考这一问题过程中,对反冲力有了初步的认识。

在验证气球可以驱动小车向不同的方向运动这一环节中,先给学生设置小气球、小喷气口、重车身的条件。学生发现小车运动的速度慢,距离短。有的学生实验时着急得给小车喊加油,完全进入问题情境。此时,再顺势提出第二个驱动性问题:怎么才能让小车运动的距离更远些呢?学生根据实践情境迫不及待地提出了许多解决的办法。然后分组选取一个因素进行实验,学生顺利突破难点,完成本节课重点探究任务。

接下来,组织学生开展小车改装比赛,学生完全沉浸在收获的兴奋中。教师可以提出第三个驱动性问题:学科学,用科学,谁能解决本节课游戏中出现的问题,怎样才能让气球乖乖地回到座位上呢?学生又回到上课开始的游戏环境中,此时,学生已能顺利利用反冲力的原理解决实际问题。

在《摆的探究》一课中,主要通过创设故事情境,提出驱动性问题。

1. 故事导入,提出驱动性问题。

意大利科学家伽利略被誉为"现代科学之父"和"钟表之父"。他17岁那年的一天,在客厅看到悬在屋顶的吊灯随风晃动。就好奇地数着吊灯摆动的次数,发现它很有规律。伽利略陷入深深的思索:吊灯在一定时间里摆动的次数是固定的吗?其他悬挂的物体在同一时间摆动的次数都和吊灯一样吗?为什么呢?(驱动性问题一)

2. 模拟吊灯,制作单摆,发现问题。

学生分组根据提供材料模拟吊灯,制作单摆,验证驱动性问题。

(1)每个单摆测试三次,看摆动次数是否相同。

(2)小组交流,相互比较,看各小组单摆摆动次数是否一致。

验证结果,发现问题:每个摆摆动的次数是固定的,但不同的摆摆动的次数各不相同。

(3)提出问题,设计方案。针对发现问题,提出驱动性问题二:各小组的摆摆动的次数为什么各不相同,影响摆摆动快慢的因素是什么呢?

(问题猜测,然后从摆的长短、摆锤的重量、摆的幅度三个因素中选择一个设计实验方案。)

例:研究摆锤重量与摆摆动快慢关系的实验方案

实验器材	铁架台、钩码、秒表、夹子、细线、吸管。
研究问题	摆锤重量与摆动次数的关系。
我的猜测	摆锤重量与摆动次数(有、没有)关系。如果有关系,(摆锤重、摆锤轻)摆动次数越多。

续表

改变条件	（1.摆锤个数 2.摆动幅度 3.摆的长度）				
不变条件	（1.摆锤个数 2.摆动幅度 3.摆的长度 4.其他）				
实验步骤	1.用原摆测试3次并做好记录。（可直接使用验证实验时记录） 2.增加或减少勾码分别做三次实验,并做好标记。				
实验记录	组别	勾码数量	1次	2次	3次
	一组	原摆4个			
	二组	减少2个			
	三组	减少1个			
实验结果	摆锤重量与摆动次数(有、没有)关系。如果有关系,(摆锤重、摆锤轻)摆动次数越多。				

备注：设计实验方案时,在括号内用√标出合适的选项或填入数字即可。

3. 再入故事,提出问题,制作摆钟。

（1）故事驱动,布置任务。伽利略被誉为"现代科学之父"和"钟表之父",他发现单摆等时性的规律,是制作摆钟的基础,但遗憾的是在钟表发明之前,伽利略逝世了。今天,咱们要完成伟人未竟的事业,制作出一分钟摆动60次的摆钟,你有信心吗？（驱动性问题三）

（2）概念应用,制作摆钟。

（3）竞赛测试,检测效果。

四、设计认知程序,组织课堂教学

依据学生认知规律和项目化学习的特点。《用气球驱动小车》一课将课堂教学活动分为四个程序,七个环节：

1. 情境导入,感知核心概念。

（1）小游戏：让气球就座。

（2）小魔术：降伏孙大圣。

（3）小视频：观看"钻天雷""水上喷射器""火箭发射"视频。感受物体喷火、喷水、喷气飞行的场面。

2. 观察实践,验证核心概念。

（4）驱动小车向不同方向运动。（验证反冲力的方向与气球喷气方向相反的原理）

3. 设计实验,探究核心概念。

（5）探究影响小车运动距离的因素。

4. 解决问题,应用核心概念。

（6）小车改装驱动比赛。（重点解决车身轻重、喷气量多少、喷气口大小三个问题）

（7）解决游戏中的问题：让气球乖乖飞到指定位置。（重点解决气球喷气方向固定问题）

从游戏或故事的情境中发现问题,认识概念,再利用学习知识回到游戏或故事的情境中验证概念,解决问题,学生有效地进行心智转换,思维素养在潜移默化中得到提升。

　　麻雀虽小,五脏俱全。科学探究课不是知识点和技能程序的机械训练课。每一节课都是在对知识概念建构中的思维训练。根据项目化学习的特点在课堂教学中针对概念性知识建构开展学科项目化学习,是必需的,也是可能的。在科学学科教学中植入项目化学习,既满足了课程拓展的需求,同时也保证了学科的主体地位。它是将项目化学习的设计要素融入科学学科教学,将低阶认知"包裹"入高阶认知,在保证基础知识技能的情况下,努力改变学生的学习方式,提高学生的学习素养。

　　注:此文发表于《小学教学参考》2022年4月(年第12期)

为创新思维导航
——基于科学核心素养的项目化学习探究
李松叶　江苏徐州（221200）

【提要】 "思维导学"是组织课堂教学的核心理念。[1]儿童科学素养的核心是思维在情境中灵活转换的能力，也就是儿童对情境的学习力和应变力。[2]儿童思维能力的转换训练是有策略、有步骤的，过程是可以预见和指导的。项目化学习中问题解决策略和TRIZ矩阵策略能创设有效情境，利用驱动性问题任务，在建构核心概念过程中，引导学生在新情境中寻找到自己想要的资源，建立知识间的联系，对新情境进行判断和问题解决。

【关键词】 科学核心素养；思维情境转换；项目化学习；问题解决策略；TRIZ矩阵

引言：思维素养是小学生核心素养，思维在情境中灵活转换是优秀思维品质，是良好的思维能力，是思维素养的集中体现。它包括两种情形：（1）在不同的情境中，选用不同的概念原理，运用不同的方法解决同一问题。（2）在不同情境中，选用相同的概念原理，运用相同的方法解决不同的问题。小学科学项目化学习的问题解决策略和TRIZ矩阵策略能有效促进学生思维素养提升。

一、问题解决策略

问题解决策略是项目化学习中运用最多的一种高阶认知策略。问题解决是一个明确结构不良问题的目标与克服障碍的过程。[3]问题解决策略的运用首先要进行目标定位，明确问题的具体要求和达成结果。其次从问题本质指向的核心概念入手，探究解决思路。再次，分析问题情境，寻找解决条件。最后，尝试解决措施，优化解决方案。

下面以《计量时间和我们的生活》（2017教科版五年级上册第三单元第7课）为例，谈谈如何运用项目化学习的问题解决策略对学生进行创新思维训练。

（一）研判教学核心概念，寻找儿童前概念

《计量时间和我们的生活》是第三单元第7课教学内容，它是单元教学内容的归纳提升。课前，在教学设计时，根据课标概念体系和单元、课时具体目标，确定本节课教学的核心概念是"等时性"，也就是物体的周期性有规律的运动变化现象。

一级概念：物质科学、地球科学、技术科学。

二级概念：自然界的物体总在运动，可以用位置、快慢和方向来表示物体的运动状态。在太阳系中，地球、月球和其他星球按一定的规律运动。

三级概念：在一年中，每天太阳光照射形成的物体阴影的位置和形状在有规律地改变。

四级概念：阳光下物体影子方向、长短有规律变化，可以计时；香、蜡烛燃烧速度有规律可以计时；水能以稳定的速度往下流，可以制作水钟；单摆具有等时性，可以计时。

在确定教学核心概念的基础上，调查寻找学生对"等时性"认识的前概念，为课堂教学训练做好准备。在前概念的调查中，不仅包括学生掌握的知识经验，也包括学生运用知识的思维判断能力、交流表达能力、操作演示能力。调查的方式可以进行交流谈话，或者进行问卷调查，对其中操作实验能力的了解，可以直接带领部分学生进行尝试试验。

（二）创设情境，提出驱动性问题，让学生前概念对接核心概念

核心概念是本质问题，一般都是抽象的。只有将本质问题转化为生活情境中的实际问题才有利于学生探究学习。因此，教学设计的重要环节是建立科学核心概念与真实的情境之间的联系，寻找本质问题突破口，创设教学情境，提出驱动性问题。

进入课堂，教师开展学习比赛，让学生通过连线了解人类历史上的计时器及发明者相关知识。

苏颂　　　　　　　外国发明摆钟的科学家

伽利略　　　　　　被誉为"钟表之父"的科学家

惠更斯　　　　　　中国发明水钟的科学家

在此项活动中，教师巧妙提出第一个驱动性问题：伽利略没有发明钟表，为什么被称为"钟表之父"呢？

结合单元第4、5、6课的学习，学生很快找到了答案：伽利略发现了摆的运动"等时性"的规律，惠更斯在此基础上才发明摆钟，引起了人类计时历史革命性的变化。通过问题的解决，将本课的核心概念"等时性"与学生前概念顺利对接。

（三）寻找异同，归纳分析，在"同化"中建构概念

在学生认识摆的"等时性"的基础上，教师提出导引问题：你听过、见过或使用过哪些计时器？它们有什么特点，为什么都能计时呢？

在学生充分分析、交流、回答的同时，教师相机将学生的答案归类并按人类探究计时器的历史进行板书。最后依据板书内容绘制表格，完成归纳总结。

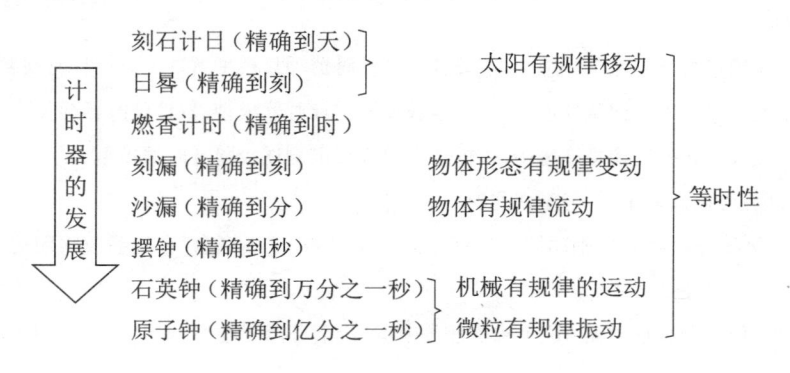

计时器的发展	刻石计日（精确到天）	太阳有规律移动	
	日晷（精确到刻）		
	燃香计时（精确到时）		等时性
	刻漏（精确到刻）	物体形态有规律变动	
	沙漏（精确到分）	物体有规律流动	
	摆钟（精确到秒）		
	石英钟（精确到万分之一秒）	机械有规律的运动	
	原子钟（精确到亿分之一秒）	微粒有规律振动	

学生在教师引导下，把单元学习的知识、课堂交流互动的体验重新建构到自己原来的知识体系中，形成对计时器"等时性"深刻的理解。

（四）迁移情境，应用概念，解决问题，训练思维

概念应用是概念建构的最高层次，也是思维训练的最佳手段。具体做法是在生活情境中给学生设置任务，让学生利用掌握概念原理在实际情境中解决问题，指导学生解决问题的具体思路。[4]

1. 创设生活情境，提出挑战任务

同学们，老师今天要带着你们到野外探险，现在，咱们就来到了一个原始森林，你面前就是一棵绿色的大树（实验桌）。

为了保证活动安全顺利，老师要先检查一下你们的身体，现在进行1分钟脉搏测量。（请记录员在实验挑战单上记录小组中每个同学1分钟脉搏跳动的次数）

我们今天要在野外完成一个挑战任务：根据提供的材料制作一个一分钟计时器。

材料：一张项目挑战记录单，一支绳笔（笔帽和笔身用细绳连接），一瓶矿泉水，三只纸质水杯。

挑战要求：

（1）根据提供的材料设计方案，不得使用其他设备。

（2）能计出1分钟的时长，能精确到秒更好。

（3）在规定时间内至少完成三种方案设计，并选择最优方案进行制作测试。

（4）测试时不能用手固定计时器。

2. 目标定位，明确要求，转换问题

目标定位直接影响问题解决的思路。解决问题之前，必须把本质问题或驱动性问题进行目标转换。必须明确问题解决的具体目标是什么，要达成的结果是什么，有什么具体的要求。

在"制作一分钟计时器"挑战任务中，首先要根据任务要求及模拟的情境明确具体解决的问题目标。

（1）在模拟野外的课堂环境中，能设计什么计时器项目模型解决1分钟计时问题。

（2）在模拟野外的课堂环境中，如何摆放或固定计时器模型，保证计时器模型正常测试。

（3）在模拟野外的课堂环境中，依据什么时间标准测试校验计时器模型。

3. 从核心概念入手，探究解决思路

项目化学习设计中的驱动性任务都指向本质问题，核心概念，它是解决问题的方向，也是解决问题的钥匙。

在"制作一分钟计时器"这个挑战任务中，第一个目标问题"设计什么计时器项目模型"

是关键问题。它指向核心概念是"等时性",制作计时器的关键是在提供的条件中找到合适的能有规律运动的物体。

第二个目标问题"依据什么时间标准测试校验计时器模型"同样指向核心概念"等时性"。问题解决的关键是寻找一个已知的计时器,或者说是在提供的条件中寻找一个已知在一分钟里有规律运动次数的物体。

第三个目标问题是如何固定计时器模型,这要根据目标问题一设计的计时器模型具体思考。

学生学完教材第三单元,依据生活经验和提供的矿泉水材料很容易想到滴水或流水具有"等时性",可以制作一个简易的水钟。

怎样才能发散思维,设计更多的计时器模型呢?

还要从"核心概念"出发。在这里,教师结合"等时性"规律提出第二个驱动性问题:教学提供的材料中还有能动的吗?你能让这些材料有规律地动吗?

像"捉迷藏"和"寻宝"一样,学生的积极性马上被调动起来。

绳笔可以制作简易的摆,能有规律地摆动。

挑战记录单中记录到脉搏可以有规律地跳动,而且已经知道脉搏一分钟跳动的次数,可以提供标准时间解决计时器模型测试校验的问题。

可以用笔按一定的速度有规律地敲击矿泉水瓶。

可以用笔在挑战记录单上按一定的速度写相同笔画的字。

心脏跳动和呼吸也是有规律的。

唱歌或有节奏地踏步、诗歌背诵。

……

对照目标要求和提供材料,上述设计思路中,简易水钟、简易摆、敲击计时、写字计时完全符合要求。

4. 制订方案,问题细化,寻找解决条件

有问题、有目标、有思路,接下来就要根据问题的情境寻找解决问题的条件。本课模拟的野外实际是在课堂上,条件只有一张项目挑战记录单、一支绳笔、一瓶矿泉水、三只纸质水杯。其次就是学生本人做过的一分钟脉搏测试记录。

针对以上四种设计思路,引导学生问题细化,寻找解决条件,拟订模型制作方案。

(1) 简易水钟:用什么器材做注水器和受水器?怎样给注水器开口?怎样固定注水器?怎样计量 1 分钟水量?

(2) 简易摆:用什么做摆锤?怎样制作固定摆的支架?

(3) 敲击计时:选择什么做敲击工具?怎样控制敲击的节奏?

(4) 写字计时：怎样控制写字的速度？

5. 尝试解决措施，优化解决方案

有了设计方案不一定形成最佳的制作结果，要在众多方案中进行尝试制作，选择最佳方案。最佳方案的选择不仅是从以上四种方案中选择最优方案，还包括在每一种方案中，选择何种操作材料，选择何种操作方式。方案优化的顺序是先进行个别方案条件优化，后进行多种方案优化选择。

不管是个别方案条件优化还是整体方案选择优化，都必须根据设计任务的目标要求和提供材料条件制定具体优化标准。

问题解决策略五步骤是解决实际问题的过程，也是思维训练内容可视化的过程，是思维训练导航的过程。问题解决策略是深度学习的高阶认识策略，它清晰展现了学生思维情境转换的思路和方法。学生在建构核心概念的过程中，有效进行创新思维训练，提升儿童科学核心素养。

二、TRIZ 矩阵策略

TRIZ 意译为发明问题的解决理论。TRIZ 矛盾矩阵成功地揭示了创造发明的内在规律和原理，着力于澄清和强调系统中存在的矛盾，其目标是完全解决矛盾，获得最终的理想解。它是基于技术的发展演化规律研究整个设计与开发过程。[5]

下面以"探究金字塔建造之谜"（苏教版语文五年级下第四单元第14课《埃及的金字塔》）来谈谈如何运用 TRIZ 矛盾矩阵策略开展项目化学习，引导学生在解决具体问题中进行思维情境转换，培养创新思维能力。

（一）收集资料，了解金字塔及其建筑环境[6]

1. 金字塔

在埃及境内散布着 96 座大大小小的金字塔遗迹，其中最高大的是胡夫金字塔，位于埃及首都开罗西南约 100 千米的吉萨高地。金字塔的 4 个斜面正对东、南、西、北四方，误差不超过圆弧的 3 分。金字塔建在一块凸起的岩石上，塔底面呈正方形，底边原长 230 米，倾角为 51°52′，塔原高 146.59 米。据估算，建造金字塔的石头每块重约 2.5 吨，总共需要 230 万块这样的巨石。

2. 尼罗河

尼罗河全长 6671 千米，流经埃及境内的尼罗河河段 1350 千米，是尼罗河的下游。尼罗河下游河段可细分为：①喀土穆至阿斯旺的峡谷段，尼罗河切穿广袤的沙漠谷地，奔流而下，比降为 1∶6000；②阿斯旺至开罗段，穿越东、西部沙漠之间，河谷宽展而平坦，比降为 1∶13000；③开罗以下的河口段，大致从开罗以下 20 千米处开始，河流分汊注入地中海，形成巨大的尼罗河三角洲，面积达 2.4 万平方千米，冲积土层平均厚度在 18 米以上。如下图 1、

图 2。

3. 金字塔距尼罗河直线距离是约 10 公里。

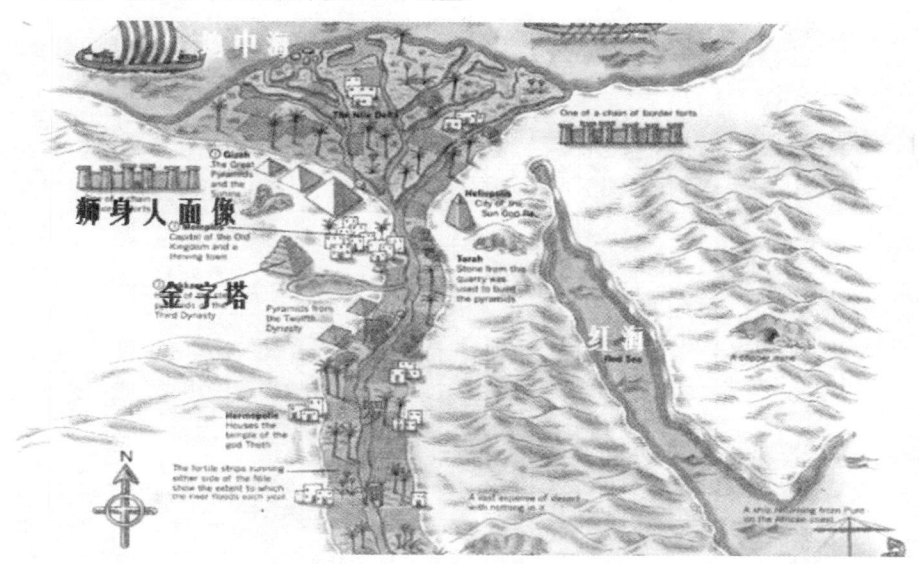

图 1　尼罗河流域与金字塔位置

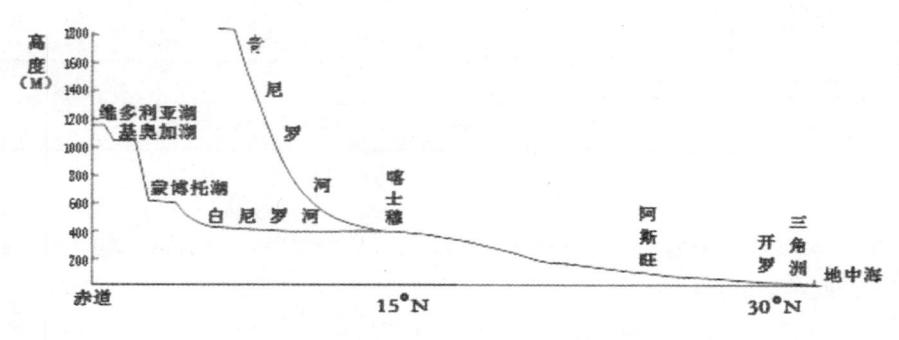

图 2　尼罗河水系比降

（二）定义矛盾，探究解决办法

1. 明确矛盾，确定问题目标

古埃及人是怎样建造如此宏伟而又精巧的金字塔的呢？这里面包含以下几个问题：（1）古埃及人是怎样将巨大的石块从很远的地方搬运到建筑工地的？（2）古埃及人是怎样将巨大的石块从地面向上抬升的？（3）古埃及人是怎样将巨大的石块在不同的方位进行平移的？

2. 描述问题，将技术矛盾抽象成 TRIZ 中的通用参数

上述三个问题中，共同的目标是移动巨大的石块，建造金字塔石块越大越好，越重越好。

改进的参数是运动物体的质量。恶化的参数是操作不方便。石块越重，越不好移动。对照阿其舒勒矛盾矩阵，查询解决原理是：35，03，02，24，具体内容是如图 3 所示。

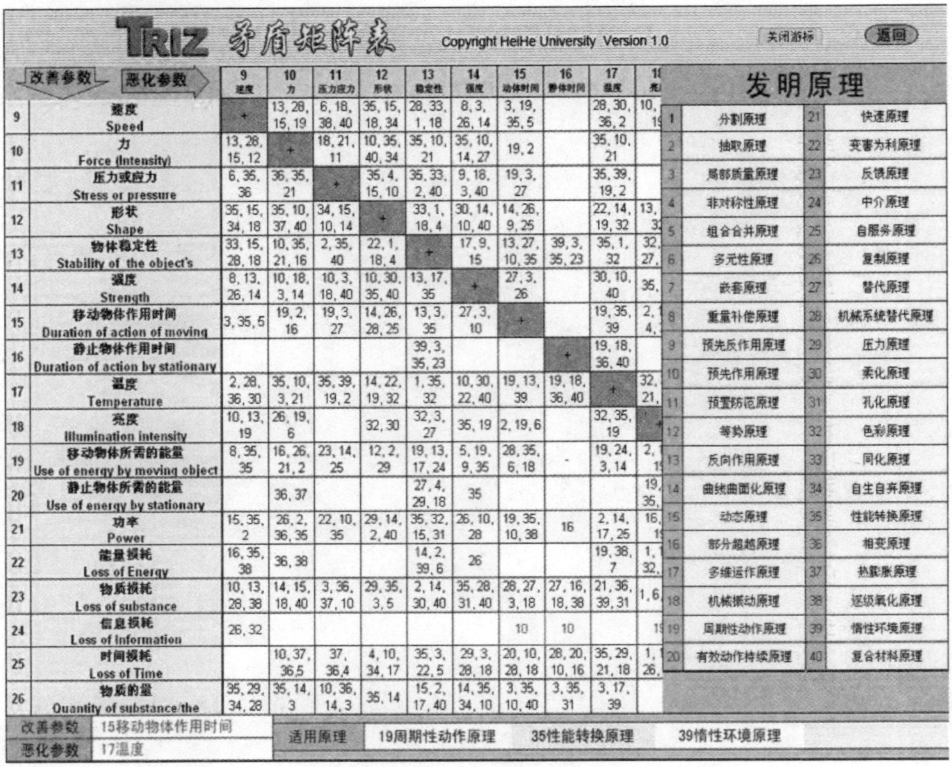

改善参数 ↓ 恶化参数 →		9 速度	10 力	11 压力应力	12 形状	13 稳定性	14 强度	15 动体时间	16 静体时间	17 温度	18 光…
9	速度 Speed	+	13, 28, 15, 19	6, 18, 38, 40	35, 15, 18, 34	28, 33, 1, 18	8, 3, 26, 14	3, 19, 35, 5		28, 30, 36, 2	10, 1…
10	力 Force (Intensity)	13, 28, 15, 12	+	18, 21, 11	10, 35, 40, 34	35, 10, 21	35, 10, 14, 27	19, 2		35, 10, 21	
11	压力或应力 Stress or pressure	6, 35, 36	36, 35, 21	+	35, 4, 15, 10	35, 33, 2, 40	9, 18, 3, 40	19, 3, 27		35, 39, 19, 2	
12	形状 Shape	35, 15, 34, 18	35, 10, 37, 40	34, 15, 10, 14	+	33, 1, 18, 4	30, 14, 10, 40	14, 26, 9, 25		22, 14, 19, 32	13, 3…
13	物体稳定性 Stability of the object's	33, 15, 28, 18	10, 35, 21, 16	2, 35, 40	22, 1, 18, 4	+	17, 9, 15	13, 27, 10, 35	39, 3, 35, 23	35, 1, 32	32, 27, …
14	强度 Strength	8, 13, 26, 14	10, 18, 3, 14	10, 3, 18, 40	10, 30, 35, 40	13, 17, 35	+	27, 3, 26		30, 10, 40	35, …
15	移动物体作用时间 Duration of action of moving	3, 35, 5	19, 2, 16	19, 3, 27	14, 26, 28, 25	13, 3, 35	27, 3, 10	+		19, 35, 39	2, … 4, …
16	静止物体作用时间 Duration of action by stationary					39, 3, 35, 23			+	19, 18, 36, 40	
17	温度 Temperature	2, 28, 36, 30	35, 10, 3, 21	35, 39, 19, 2	14, 22, 19, 32	1, 35, 32	10, 30, 22, 40	19, 13, 39	19, 18, 36, 40	+	32, … 21, …
18	亮度 Illumination intensity	10, 13, 19	26, 19, 6		32, 30	32, 3, 27	35, 19	2, 19, 6		32, 35, 19	+
19	移动物体所需的能量 Use of energy by moving object	8, 35, 35	16, 26, 21, 2	23, 14, 25	12, 2, 29	19, 13, 17, 24	5, 19, 9, 35	28, 35, 6, 18	-	19, 24, 3, 14	2, … 1…
20	静止物体所需的能量 Use of energy by stationary		36, 37			27, 4, 29, 18	35				19, … 35, …
21	功率 Power	15, 35, 2	26, 2, 36, 35	22, 10, 35	29, 14, 2, 40	35, 32, 15, 31	26, 10, 28	19, 35, 10, 38	16	2, 14, 17, 25	16, … 1…
22	能量损耗 Loss of Energy	16, 35, 38	36, 38			14, 2, 39, 6	26			19, 38, 7	1, … 32, …
23	物质损耗 Loss of substance	10, 13, 28, 38	14, 15, 18, 40	3, 36, 37, 10	29, 35, 3, 5	2, 14, 30, 40	35, 28, 31, 40	28, 27, 3, 18	27, 16, 18, 38	21, 36, 39, 31	1, 6…
24	信息损耗 Loss of Information	26, 32						10	10		1…
25	时间损耗 Loss of Time		10, 37, 36,5	37, 36,4	4, 10, 34, 17	35, 3, 22, 5	29, 3, 28, 18	20, 10, 28, 18	28, 20, 10, 16	35, 29, 21, 18	1, … 26, …
26	物质的量 Quantity of substance/the	35, 29, 34, 28	35, 14, 3	10, 36, 14, 3	35, 14	15, 2, 17, 40	14, 35, 34, 10	3, 35, 10, 40	3, 35, 31	3, 17, 39	

发明原理			
1	分割原理	21	快速原理
2	抽取原理	22	变害为利原理
3	局部质量原理	23	反馈原理
4	非对称性原理	24	中介原理
5	组合合并原理	25	自服务原理
6	多元性原理	26	复制原理
7	嵌套原理	27	替代原理
8	重量补偿原理	28	机械系统替代原理
9	预先反作用原理	29	压力原理
10	预先作用原理	30	柔化原理
11	预置防范原理	31	孔化原理
12	等势原理	32	色彩原理
13	反向作用原理	33	同化原理
14	曲线曲面化原理	34	自生自弃原理
15	动态原理	35	性能转换原理
16	部分超越原理	36	相变原理
17	多维运作原理	37	热膨胀原理
18	机械振动原理	38	逐级氧化原理
19	周期性动作原理	39	惰性环境原理
20	有效动作持续原理	40	复合材料原理

图 3　矛盾矩阵（部分）

2：抽取原理，又叫拆出原则。与分割原理相反，是从物体中拆出干扰部分，分出唯一需要的部分或者需要的特征。

3：局部质量原理，又叫局部性质原则。是根据物体不同部位的不同功能，选择最适合的工作条件，从物体或外部介质的一致结构过渡到不一致的结构。

24：中介原理，又叫中介原则。包含两个层面：（1）利用可以迁移或有传送作用的中间物体；（2）把另一个（易分开）的物体暂时附加给某一物体。

35：性能转换原理，又叫改变物体聚合态原则。是指让物体在固态、液态、气态或中间状态（如弹性固体）中相互转化。引申概念是替代原则，即用性能相同且便于操作的材料替代。

3.分析原理可行性，确定最合适办法

上述 2：抽取原理、3：局部质量原理、35：性能转换原理，作为创新原理使用，如果现在用在金字塔的建造上：比如将石块切割成标准的小块，用空心砖替代，或用混凝土作材料，方法很巧妙，操作也很方便。但金字塔作为古建筑，巨石作为基础材料不可改变，因此，我们只能从24：中介原理上探究方法。根据埃及金字塔与尼罗河的地理位置关系,可以确定:修建运河,用水流和木筏(附充气皮筏)做中介,利用水流势能和浮力搬运石块,利用石块在水中浮沉的重力牵引石块升降。同时附加斜面和圆木滚动,从而解决石块的搬运和多方位移动问题。

（三）精确计算,论证方法可行性

运输2.5吨的巨石需要多大的皮木筏?

要使皮木筏与巨石在水中上浮,必须让皮木筏产生2.5吨的浮力。浮力等于排水量,也就是要让皮木筏排开2.5吨的水量。

水的密度是1000公斤/立方米,2.5吨水的体积是2.5立方米。(也就是说皮木筏和石块必须要排开2.5立方米的水。)

石头的平均密度为2.5公斤/立方米。2.5吨石头的体积是1立方米。

2.5立方米－1立方米=1.5立方米。

按此计算,绑在巨石上的皮木筏只要再排开1.5立方米水就可以让巨石上浮。(皮木筏重量和木材体积暂时忽略不计)

按每只皮筏充气后体积为0.03立方米计算,需要50只皮筏。

在巨石上绑上圆木,再绑上50只皮筏,方法是可行的。

（四）巧妙设计,利用石块牵引石块

金字塔底座修好后,与运河水面有一定高度,继续修建最终与地面距离达到146.59米。为减轻拉力,需要修建斜面并利用石块牵引。如图4所示。

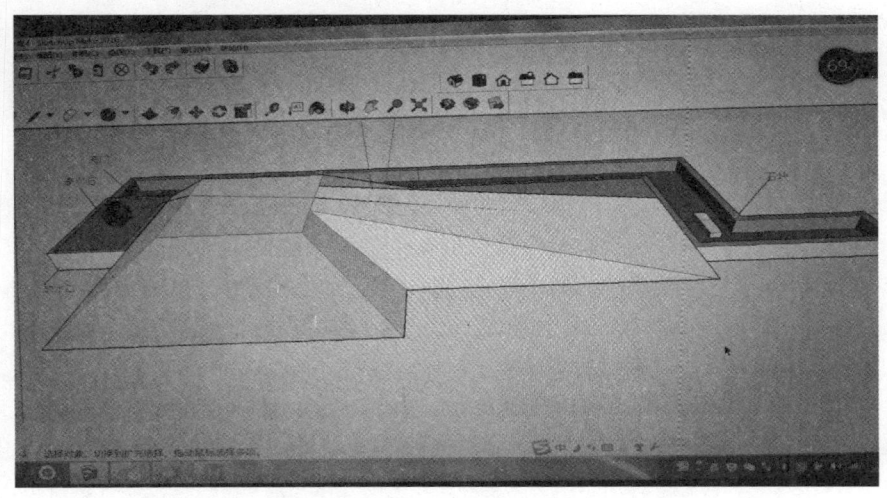

图4 石块牵引斜面

怎样利用石块牵引石块呢?

1. 先沿人工运河将一块约3吨重的石块运送到金字塔背面,作为牵引石块(附皮木筏)。

2. 关闭阀门,并向阀门内注水,让牵引石块上升到最高水位。
3. 将牵引石块通过金字塔顶面、斜面,固定到运河中准备砌塔的石块(去皮木筏)上。
4. 放掉阀门内的水,让牵引石块下落,拉动砌塔的石块沿斜面上升。(同时使用人力或畜力,并辅助使用圆木滚动)
5. 重复向阀门内注水,向外放水,直至砌塔石块上升或平移到指定位置。

(五)绳索及圆木使用

金字塔高约 150 米,塔身斜面长约 210 米,修建引石斜面长约 300 米,从牵引石到建筑石块,需要绳索最长约 550 米,不管是长度还是承重,古时候绳索都不能达到要求。解决办法是用圆木作为接力棒。每隔 50 米用一根圆木棒连接两端绳索。如图 5 所示。

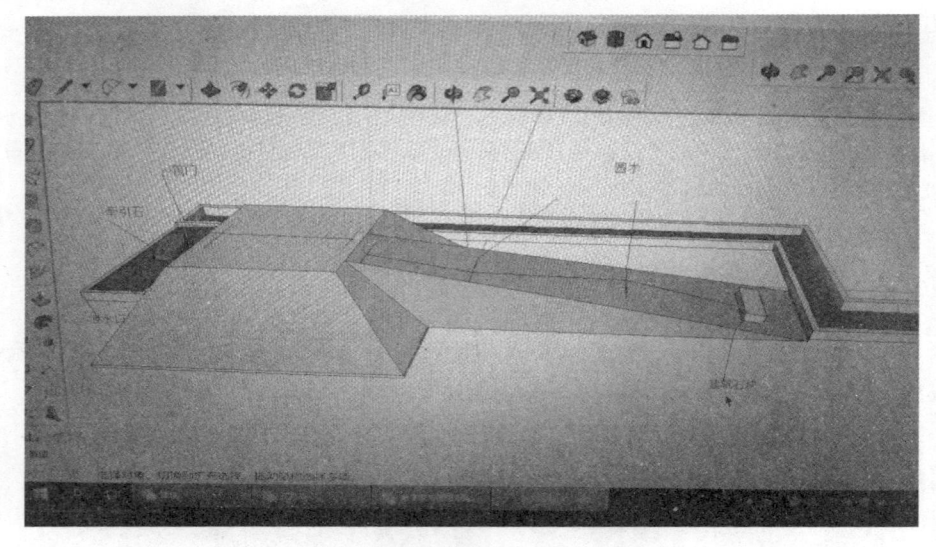

图 5 绳索及圆木使用示意

圆木棒不仅可以连接绳索,也便于人力、畜力展开作业。另外,在金字塔顶端平面和建筑石块下面放上圆木,还可以变滑动摩擦为滚动摩擦,更加省力。

在开展"探究金字塔建造之谜"的项目化学习中,学生在老师指导下,利用 TRIZ 矩阵理论创造性迁移情境,发现问题本质:解决金字塔建造问题就是解决怎样利用水的势能搬运石块、升降石块、平移石块的问题。然后根据现实情境条件逐一解决具体问题:利用皮筏搬运石块。利用石块牵引提升、平移石块。利用圆木连接绳索。学生在项目化学习探究中收集资料—科学论证—精确计算—巧妙设计—建模实践,思维过程清晰明了,能力训练有条不紊。

项目化学习是科学思维训练的有效方式。"实践"和"问题"将项目化学习和创新素养培育紧密联系起来。[7]问题解决策略和 TRIZ 矩阵策略能像导航一样,有效引导学生迁移思维训练的情境过程,在驱动学生发现问题、解决问题中培养学生创新思维能力,提升学生科学核心素养。

参考文献

[1]曲培波. 智慧课堂"赋能"思维学习生态[J]. 中国教育学刊,2022(01):108.

[2]夏雪梅. 项目化学习设计:学习素养视角下的国际与本土实践[M]. 北京:教育科学出版社,2021:2-3.

[3]夏雪梅. 项目化学习设计:学习素养视角下的国际与本土实践[M]. 北京:教育科学出版社,2021:64-65.

[4]郭元祥. 深度教学:促进学生素养发育的教学变革[M]. 福建:福建教育出版社,2021:260-269.

[5]高丽丽,叶春燕,江先会. 基于创新能力培养的教学模式改革与实践研究:以TRIZ理论为基础[J]. 科技与创新,2021(23):169-170+175.

[6]刘文鹏. 金字塔建筑的演进与衰落:埃及古迹参观考察之一[J]. 内蒙古民族师院学报(哲学社会科学汉文版),1990(03):1-10.

[7]尹逊朋. 指向创新素养培育的普通高中项目式教学实践与研究[J]. 中国教育学刊,2022(04):96-100.

此文发表于《新课程导学》2023年9月(年第25期)

以问题为导向 以合作为基石
——基于问题情境的小学科学项目化教学研究

睢宁县教师发展中心 鲍燕

【提要】 项目化教学具备开放性、自主性、综合性等特点，基于问题情境开展项目化教学，是小学科学教学中强化学生学习、促进学生探究、提升学生素养的有效途径。创设悬疑式问题情境、冲突式问题情境、启发式问题情境和交互式问题情境可以让学生明确项目目标、激活项目创意、拓宽学习思路、推进项目进程让学生在真情境中体验项目教学的乐趣。将项目化教学和问题情境相结合能实现学生独立思考与自主探究，同时以合作为基石项目化教学更能实现学生的科学素养提升。

【关键词】 合作；问题情景；项目化教学

《义务教育小学科学课程标准（2022版）》中强调："小学科学课程是一门实践性课程，探究活动是学生学习科学的重要方式。"在诸多探究活动中，项目化教学因为具备开放性、自主性、综合性等特点颇受学生的青睐。那么在小学科学教学中，教师如何促进项目化教学的顺利实施与高效开展呢？本文中笔者以教科版三年级上册《混合与分离》的教学为例进行研究发现：基于问题情境开展项目化教学，是小学科学教学中强化学生学习、促进学生探究、提升学生素养的有效途径。

一、悬疑式问题情境，明确项目目标，激发学习兴趣

爱因斯坦说过："兴趣是最好的老师。"在小学科学项目化教学中，很多教师习惯于采用"开门见山"的方式，直接向学生呈现项目主题和目标。事实上，这种方式不仅难以让学生快速融入项目情境，甚至容易给学生造成心理压力，引发学生的抵触情绪。因此，笔者建议教师能够为学生创设悬疑式问题情境，并将项目目标融于这种情境当中，使学生在新鲜、好奇、求知等情绪的带动下，自由自主地接近项目的目标，自然而然地激发学习的兴趣。

例如，《混合与分离》这一课的项目化教学的主题和目标是：通过分离食盐和水，初步理解"混合"和"分离"的概念、原理及方法，并自主得出"食盐溶于水的变化是可逆的"的结论。然而，为了追求更好的教学效果，教师并没有直接向学生揭示本次项目教学的主题和目标，而是通过以下教学环节设计为学生创设了悬疑式问题情境，使学生在问题情境的启示下激发了学习的兴趣，并明确了项目的目标。具体流程如下：首先，"豆和沙"的"混合"和"分离"。教师拿出一碗红豆和一碗沙子后询问学生："如果我把红豆和沙子倒进一个碗里，然后晃动碗，会怎么样？"学生答："豆子和沙子混到一起。"教师再问："那我怎么把它们分离开

呢？"学生答："用手把豆子挑出来。"其次，"沙和水"的"混合"和"分离"。教师拿出一碗沙子和一碗水，然后询问学生："如果我把沙子和水倒进一个碗里，然后晃动碗，会怎么样？"学生答："沙子沉到水底。"教师再问："那我怎么把它们分离开呢？"学生答："用纱布把沙子过滤出来。"最后，"盐和水"的"混合"和"分离"。教师拿出一碟盐和一碗水，然后询问学生："如果我把盐和水倒进一个碗里，然后晃动碗，会怎么样？"学生答："盐溶于水。"教师再问："那么我怎么把它们分离开呢？"显然，第三个问题触及了学生的知识盲区，他们陷入了短暂的沉默，同时，燃起了强烈的求知欲和探究欲。如果我们对于三个问题加以分析就会发现：教师本着由已知到未知，由简单到复杂的原则，逐渐帮助学生理解了"混合"和"分离"的概念，并引入了本课项目教学的目标：分离食盐和水。相比于"开门见山""单刀直入"的方式，这种"步步为营""诱敌深入"的方式显然更能激发学生学习的兴趣。因此，笔者建议教师能够以创设悬疑式问题情境为契机，帮助学生明确项目目标，点燃探究热情。

二、冲突式问题情境，激活项目创意，拓宽学习思路

认知冲突，往往是"旧识"与"新知"之间或"理论"与"实践"之间的冲突。在项目化教学中，教师通过巧妙利用认知冲突，能够帮助学生完成"旧识"到"新知"的迁移或"理论"到"实践"的过渡，是引发学生思考、促进学生创新的有效途径。因此，在小学科学项目化教学中，教师不妨为学生创设冲突式问题情境，使学生在"解决冲突"的过程中激活项目创意，拓宽学习思路。

例如，在《混合与分离》的项目化教学中，教师通过创设悬疑式问题情境，帮助学生明确了项目目标。然而，针对如何围绕目标开展进一步的行动，学生却一筹莫展。于是，教师有意识地为学生创设了冲突式问题情境，帮助学生打开了思路，打破了僵局。比如面对学生的沉默，教师试探性地发问："我们能徒手把食盐挑出来吗？"学生不假思索地回答："不能。食盐已经溶解了，看不见了，根本挑不出来。"教师再问："我们能用纱布把食盐筛出来吗？"学生略加思索之后回答："不能。食盐颗粒太小，而且已经溶解，无法筛出来。"教师继续发问："我们能参照油水分离的方式，把盐水静置一会儿，让食盐自动和水分离吗？"学生深思片刻，齐声回答："不能。食盐跟油不一样，油不溶于水，而食盐溶于水。"……从表面来看，教师提出的问题似乎一直在"误导"学生，给学生"添乱"。事实上，教师试图通过上述问题，引发学生的认知冲突，从而帮助学生建立"旧识"与"新知"、"理论"与"实践"之间的联系。终于，有学生以"解决冲突"为突破口，借助跟"分离"相关的知识储备和生活经验，提出了一个大胆假设："海水晒盐"的时候不是想办法让盐离开海水，而是通过把海水蒸发，让盐留下来。我们也可以采取这个方法完成盐和水的分离。很显然，恰恰是以教师创设的冲突式问题情境作为铺垫，学生才在短时间内打破了思维僵局，展开了广泛联想。同时也恰恰是以教师创设的冲突式问题情境作为引导，学生才避免受到旧有知识或经验的束缚，选择错误的思路或方法来完成盐、水分离实验。可见，教师通过冲突式问题情境的创设，帮助学生打开了学习思路，激活了项目创意，为学生项目活动的顺利实施奠定了良好基础。

三、启发式问题情境，推进项目进程，锤炼学习思维

在项目化教学中，学生固然是活动的中心和主体。然而，这并不意味着教师就可以完全"旁观"或"缺位"。相反教师应该肩负起监督与指导的职责，根据学生的状态和活动的进展，适时地给予学生点拨与指导。如果教师采取"直接介入法"来点拨和指导学生，则容易干扰学生的讨论思路或打乱学生的活动进程。因此，教师不妨通过创设启发式问题情境，以潜移默化的方式，帮助学生梳理学习思路、探究活动方法、推进项目进程。

例如，在《混合与分离》的项目化教学中，教师通过"认知冲突"，让学生确定了采用"蒸发法"进行盐和水的分离。然而对于如何分离、用什么分离等问题，学生却毫无头绪。此时，如果教师坚持"袖手旁观"，则学生很容易陷入瓶颈，难以推进项目进程。相反，如果教师能够为学生创设启发式问题情境，以提问的方式对学生加以点拨和指导，则能够帮助学生突破瓶颈，推进进程。于是，教师向学生提出了以下问题："我们想要快点儿将盐和水分离，需要怎么办？"学生答："加快蒸发的速度。"教师再问："怎么能加快蒸发的速度呢？"学生答："加热。"教师继续问："在教室环境下，我们用什么加热呢？"学生答："酒精灯。"教师追问："我们还可以怎么加快蒸发的速度？"学生答："让水变薄。"教师继续追问："大家说的方法用科学术语说就是增加液体表面积。那么，我们怎么增加液体表面积呢？"学生答："用一个敞口的容器。"教师启发道："大家说的东西在实验室里叫蒸发皿。"承接上述问题，教师继续提问："我们如何利用这些仪器，蒸发水分，分离食盐呢？"学生答："我们把酒精灯放到蒸发皿下面，一边加热，一边搅拌，促进水分蒸发。等水分蒸发完，食盐就剩了下来，就完成了分离"……显然，教师通过提问，从"仪器"和"步骤"两个方面，不断给予学生启示和引导。这样一来，学生的思维变得更加活跃，也更加缜密，他们在教师问题的启发下，抽丝剥茧，层层深入，很快就厘清了实验流程，选定了实验用具。可见，教师通过创设启发式问题情境，有助于帮助学生锤炼学习思维，推进项目进程。

四、交互式问题情境，深化项目体验，促进学习反思

合作，是项目化教学的基石，而沟通，是合作的前提。然而，在实际教学中，学生却往往因为缺乏沟通的技巧或热情而选择沉默。如果教师放任这种现象的持续，则不仅会影响项目化教学的效率，也会失去项目化教学的意义。因此，笔者建议教师能够通过交互式问题情境的创设，为学生之间的沟通提供契机，为学生之间的合作提供平台，与此同时，使学生在沟通与合作中深化项目体验，促进学习反思。

例如，在《混合与分离》的项目化教学中，教师可以通过以下交互式问题情境的创设，促进学生之间的沟通与合作。首先，以设计讨论话题为契机促进交互。教师可以有意识地为学生设计富有讨论价值的问题，从而为学生创造契机，使他们在独立思考的基础上展开交流与合作。比如，在本课中学生第一次使用酒精灯。教师就可以围绕"酒精灯"提出以下问题，并要求学生展开讨论：1. 酒精灯的构造是怎样的？ 2. 酒精灯使用原理是什么？ 3. 酒精灯使用中的注意事项有哪些？这样一来，教师就为学生的交流与合作提供了契机，使学生能够在

相互启发中深入地思考问题，同时，在相互提示中全面地思考问题，从而促进自身思维能力的发展和交流水平的提升。其次，以书写观察报告为契机促进交互。观察，是科学实验中十分重要的环节，而在观察中有所思考、有所发现，是更为重要的环节。那么，教师不妨围绕学生的观察、思考与发现创设问题情境，使学生以此为依托展开交流与讨论。比如，教师可以抓住实验中几个重要的时间节点，要求学生以小组为单位，共同记录实验现象，并剖析实验原理。这样一来，教师就成功借助问题情境，促进了学生之间的交流与讨论。在教学评价环节，教师也应该充分发挥学生的主体作用，使学生通过自评与互评来反思学习过程，总结学习成果。比如，教师可以为每个学生下发一张"互评表"，在"互评表"中，教师除了要求学生针对同伴的知识水平、实操能力等"硬实力"展开评论之外，还可以通过以下问题，引导学生针对同伴的"软素养"展开评论。这样一来，教师成功完成了交互式问题情境的创设，并依托这一情境，促进了学生在学习中的交流与合作，使学生能够加强自我反思与自我完善，从而深化项目体验，积累学习心得。

综上所述，项目化教学能够为学生的自主探究提供广阔的平台与充足的机会，促进学生的科学学习与实践。那么，在小学科学教学中，教师如何促进项目化教学的顺利实施与高效开展呢？针对这一问题，奥地利科学家卡尔·波普尔认为："探究不是从观察开始的，而是从问题开始的。"因此，在小学科学项目化教学中，我们应该将"问题"与"探究"结合起来，通过问题情境的巧妙创设，使学生以问题为导向，实现独立思考与自主探究，同时，以合作为基石，实现协同实践与共同发展。

参考文献

[1]《义务教育小学科学课程标准（2022版）》.

[2] 叶丽珍，韩学峰．小学科学项目化教学的理论与实践探究[J]．现代教育科学，2019（2）：64-66.

注：此文发表于《小学科学》2023年10月（年第10期）

小学科学如何在项目化教学中设置情景策略微探

睢宁县新城区实验学校　刘大伟

【提要】 "项目化教学"是一种行为导向的教学方式，情景化教学要服务于小学科学项目化学习，需要将学习内容置于某种情境中去，让学生主动获知的内驱力得到激发，在轻松快乐的环境中完成项目。项目做好之后要设置真实的情景，让学生去测试、去观察与评价。项目化教学中的加推器是建模情景教学法，我们给孩子提供必要的资源和指导，推动他们进行探究与建模。经验情景设置服务项目化教学是一种常规的教学方法，经验情景的设置也是孩子知识与能力双进阶的快车道。情景教学要以项目为依托，融入跨学科知识，采用多元评价方式，学生的科学素养才能得到真正的提升。

【关键词】 小学科学；项目化教学；情景

前言："项目化教学"是一种行为导向的教学方式,随着《义务教育科学课程标准（2022版）》颁布实施,教科版小学科学教材各年级都对应安排项目化教学的相关内容。项目化教学具有自主性、实践性和综合性,培养的是学生的科学思维,提升的是科学素养。做项目如果缺少了动力往往会让学生半途而废,情景化教学是项目化教学的动力加推器,对项目化教学成功实施有着重要的意义。本文将重点探讨如何设置教学情景才能更好地促进项目的顺利完成！

情景化教学是将学生的项目化学习内容置于某种情境中,让学生的内驱力得到激发,让兴趣促使学生主动完成任务。情景可以是真实的,也可以是虚构的,学生在获取知识的同时感受到知识和生活是密不可分的,从而增强他们的表现欲。小学生的认知能力和语言表达能力有限,情景设置可以让学生更好地理解和掌握知识,并提高学生的语言表达能力。学生在完成项目过程中,情景化教学可以促进学生的创新能力和实践能力的发展。

一、小学科学项目化教学中的情景策略设置

1. 情境导入——项目化教学的前提

小学生心理还没有成熟很容易受到外界环境的影响,对周围事物保持着强烈的好奇心。好的开端是成功的一半,特别是小学科学项目化教学活动中情景的设置要能抓住学生的心,让他们的心动,所以创设合适的情境对完成项目化教学至关重要。例如,一年级上册第一单元《认识磁铁》一课,老师是这样导入的："孩子们,池塘里有一条小鱼叫齐齐,她听说我们班的孩子可聪明了还喜欢帮助别人,他们就想让我们班的孩子来帮助他,你们愿意帮助他吗？（生：愿意！）小鱼奇奇有一位好朋友叫多多,两个人在参加游泳比赛的时候走散了,但是他们有一个特点就是见面就会自己拥抱在一起。我们就来帮帮他吧,我们把和他年龄相仿的小木鱼、小铜鱼、小塑料鱼、小铁鱼都集合在一起,(动漫演示每条小鱼分别游过来)他找到了自己的好朋友小铁鱼!你知道为什么吗?这一好的开篇马上就吸引了孩子的眼球,引起了孩子的兴趣,为制作属于自己的磁铁打下了基础。在学习《简易圭表的制作》一课时,一位老师直接创设情景为:"小丽发现每年冬季南面的楼房影子长,会遮住她们家北面楼房一层,而夏季影子变短,不会遮住北面楼房一层。这是什么原因导致的呢?你想知道吗?"直接激发高年级学生的表现欲,为孩子制作圭表开了一个好头。在五年级《我的小船我做主》一课教学时,我校老师是这样激发兴趣的:"有一家运输公司想把一批货物用船舶运输到另一个地方,需要按要求制作一艘船,现向社会招标要设计制作船舶模型,你有勇气参加竞标吗?"从情景导入看,让孩子快速入境,他们乐于学习把做项目变成了自己的能力秀,有很多的孩子喜欢科学,就是科学让孩子动手去做。项目化教学让孩子经历了:明确任务→设计方案→具体实施→使用测试→修改完善的过程,他们认为自己更像小科学家去做研究,情景化的导入对项目顺利完成起到决定性的作用。

2. 过程性评价情景——项目化教学的保障

小学科学课程标准中特别强调了"教—学—评"一致性,评价主要使学生在学习过程中不断感受到进步的快乐、获得成功的喜悦、认识自我、建立自信。项目做好之后要有真实的情景,学生才能乐于去测试、去评价。在教科版五年级下册《船》单元中,无论是沉的材料做小船还是浮的材料做小船,我们必须给每组孩子都准备水槽他们才能去验证。给小船装上属于自己的动力系统后,我从儿童娱乐场借来塑料大水槽,学生分三组进行比赛看谁的小船航行的最远。比赛后,帆船和蒸汽船都被自然淘汰。有的船刚航行就偏航,孩子们自然进入真实的情景去思考,如何改进才能让自己的小船不偏航,通过小组合作、组间交流发现改变,在船的形状上改变还是不能解决方向的问题。我们在学校的协调和统一安排下,到睢宁县码头实地考察船的行驶情况,通过自己观察和船老板的操作讲解,学生明白舵的作用,回来后各自给自己的小船装上舵并反复调试。在评比的过程中我们给他们一个评价的标准。

设计小船评价表		
成本核算 (15分)	15分	所有小组中成本最低,材料充分利用
	10分	所有小组中成本适中,材料没有浪费
	5分	所有小组中成本最高,浪费材料
船的设计图 (20分)	20分	内容填写完整,设计图科学合理,标注了材料和结构
	15分	内容填写较完整,设计图正确,标注了材料和结构
	5分	设计图不科学合理
团队合作 (5分)	5分	分工明确,团队协作
展示讲解 (10分)	10分	产品介绍条理清晰,答辩环节对答如流
	5分	产品介绍较为简单

通过互相评价他们才能够取长补短。再比如《塔台的设计》中,我们更是放手让孩子去合作设计,教师只要给他们提供一个评分的标准就可以了。评价情景的设置主要是让学生在学习过程中不断去体验每一个环节设置的过程与自己取得成果后的喜悦,这样学生能认识自我,建立自信。学生制作"高塔"后,及时引导学生进行自我评价、互相评价、评价各小组在整节课及分组实验中表现怎么样。在此基础上,教师对评价方法加以指导,这样会让孩子知识进阶、能力进阶、思维进阶。评价的方法大致是:各项制作准备是否充分、组内分工是否明确、学员观察是否仔细、同学之间讨论是否积极、记录员的记录是否全面,做塔台实验是否认真、能否乐于与其小组同学合作等,这样进行多方面评价引导从而激励了学生参与科学活动的热情,也教会了学生科学评价的方法,学生的综合素养在教师创设的评价情景中得到提升,能力得到彰显。

3. 建模情景教学——项目化教学加推器

建模情景教学更适合小学科学教学,特别是在项目化教学中。我们教师只需要扮演学生学习的引导者和学生自己构建模型的有力支持者的角色就可以了,建模情景教学可以说是项目化学习中不可缺少的加推器。我们给孩子提供必要的资源和指导,推动他们进行探究与建模。建模的过程中,教师要给予学生充分的自主发挥的空间,让他们自主建模达到创新。在学习五年级下册第一单元《生态环境》时,这就涉及项目化学习——制作生态瓶,我们就让孩子在家长的支持与参与下,到学校后边的花径中小溪里捞小鱼和水草然后淘洗沙石,制作属于自己的生态瓶。去年有一个学生的生态瓶中的小鱼存活了一年多,六年级她快毕业时在班级中分享了自己养小鱼的经验:1. 生态瓶中放"小"鱼好养活;2. 定期换水不要太勤;3. 喂食物不要过多,容易死亡。从而可以看出:只要孩子自己动手去建模,去实践,他们会收获到书本上没有的知识与技能。经验分享中她还谈到生态问题,学生在自己的建模与养殖中提高了环保意识和社会责任感。建模情景教学更能激发学生长久的学习兴趣与积极性,提高学生的自主学习能力,提升学生的科学核心素养。

4. 经验情景——项目化教学的依靠

经验情景设置服务是一种常规的教学方法,它不仅可以利用学生的前概念去激发学生求知的欲望,还可以把教师的经验设置为教学情景让孩子置身其中。经验情景的设置是孩子知识与能力双进阶的快车道,该情景通常通过模拟虚幻场景或模拟真实情境来实现。例如孩子家里都有科学方面的玩具、模型、书籍等,我们老师设置"跳蚤市场—科学专场",让学生获得自己想要的科学方面的书籍、模型等,还在模拟小市场的情景中收到为客户服务的经验,以帮助他们提高沟通和解决实际问题的技巧。经验情景设置服务和小学科学项目化教学策略虽然是两个不同的教育领域,但它们有机结合可以在不同的层面上为学生素养提升加以助力。经验情景设置服务重在提升学生的沟通和解决问题的技能,问题解决就做好了自己的"小项目"。在《我们的过山车》一课教学中,教师安排的情景是播放过山车视频,感受过山车带来的感官刺激。这就利用了学生的经验情景设置,然后问题驱动,想不想自己亲自制造过山车？通过教学发现他们从图纸的设计到项目完成都达到满意的效果。

小学科学经验的情景设置在项目化教学中应该具有以下几个策略：

（1）关注学生的兴趣和经验

小学生对科学世界充满了好奇心和想象力，科学教师应该从学生的兴趣点和已有经验出发设置情景。

（2）基于实际实验和观察进行情景设置

小学生的知识与技能学习多是基于感性经验的基础上获取的，他们更喜欢通过观察现象和实验研究来学习知识。

（3）引导学生思考和探究

小学生的思维能力是不断进阶逐步发展的动态过程，设置情景来引导学生思考和探究至关重要。

二、教师情景设置服务于项目化教学应注重以下几个方面

1. 情境设置以项目化教学为依托。情景设置要尽可能贴近学生的生活实际并充分利用学生的前概念，情景要有趣味性能吸引孩子的好奇心。构建的情境感和启发性要强，便于激发学生的学习热情能让学生乐学好思。

2. 注重问题的设置，让问题隐含于情景中。项目化教学就是为了解决实际问题，情景策略要有明确的问题指向性，积极引导学生进行探究和项目最终完成。教师从学生的视角，根据项目化教学内容和学生的认知特点去设置适当的问题与任务。

3. 融入跨学科元素。"跨学科"教学在新课标中多次重点强调了它的不可缺失性，情景策略融入不同学科的知识与技能元素能更好地拓展学生的视角。

4. 采用多样化的评价方式。情景策略服务于项目化教学要关注学生的自我评价和小组间互相评价，项目化教学是解决实际问题的，它的评价方式要多元化，要根据不同的任务设计不同的评价标准，不能对学生进行低估。评价量表多以表扬为主，要有评比的原则，重视学生的反思，以便更好地指导学生的学习和提高教学效果。评价方式可以是书面的也可以是口头的，标准中更要关注学生的情感、认知和创新能力提升等诸方面因素，才能促进学生的全面发展和健康成长。

5. 注重情境策略的效果评价。小学科学情境策略服务于项目化教学的实施效果评价是重要方法之一，教师应该对实施过程与效果进行评估和反思，便于更好地改进和提高教学效果。可以通过问卷调查、观察记录等方式进行。

总之，情景策略在小学科学项目化教学中是十分重要的一种教学手段，它能有效地激发学生的兴趣和学习热情。让学生置身于一定的环境中去，利用已有的知识与技能通过自己做项目解决情景中的难题，这样的教学让学习枯燥的科学知识的过程情趣化，做项目的过程中，学生的实践能力和创新能力都能得到不同层次的提升。

参考文献

[1] 叶丽珍,韩学峰. 小学科学项目化教学的理论与实践探究 [J]. 现代教育科学, 2019（2）：64-66.

[2] 洪艳辉,张华,吴菲. 小学科学项目化教学的策略研究 [J]. 科学教育研究, 2020（10）：76-79.

[3] 周华. 小学科学项目化教学的优化策略研究 [J]. 初中教育, 2021（6）：59-60.

注：此文发表于《小学科学》2023年8月（年第8期）

以《影子的秘密》教学为例思考基于儿童的课堂设计

江苏省睢宁县双沟镇中心小学　焦颖

　　小学科学课堂上进行的应是"儿童的科学"，即在体现科学特质的同时，也必须符合儿童的年龄特征和心理发展的需要。所以，在科学课堂的教学设计中更需要我们关注我们的学生，研究我们的学生，让他们真正成为科学学习的主动参与者，在教师的引导下开展真正属于他们自己的科学研究[1]。下面我就结合我在《影子的秘密》一课中的教学设计和课后反思，例谈科学课堂基于儿童的教学设计。

　　《影子的秘密》是教科版三年级第三单元的第3课，通过前两课的学习，制作简易日晷，学生已经了解了阳光下影子的变化规律这些基础铺垫，继续探究影子"背后的秘密"——形成和变化的条件。本课的科学概念目标是：理解影子产生的条件，明确光源和遮挡物的变化会导致影子的变化，明白影子的变化包括方向和大小长短的变化。探究目标是：引导学生能用实验研究影子的形成和变化的秘密是本课的重点，根据实验发现，实事求是地分析光源阻挡物和影子这三者之间的关系，是本课的难点。掌握模仿和创作不同手影的方法，是提高学生核心素养，组织学生学科实践的升华活动。本课的科学态度目标是：培养学生分工合作，乐于参与，探索"影子秘密"的兴趣；积极寻找改变影子的方法，体会创作手影带来的乐趣[2]。根据学生的学情和本节课的具体目标，我做了如下教学设计：

　　一、基于儿童科学前概念的教学了解

　　科学家研究发现：儿童第一次睁开眼睛，呈现在他面前的便是一个五彩缤纷、奇妙无比的陌生世界。由于多种科学现象对儿童感官的刺激，随着年龄的增长，儿童大脑便逐渐形成了对各种事物的感知。因此，在学习科学知识之前，对多种科学现象便已有了自己的认识，并形成了一些与科学知识相悖或不尽一致的观念和规则，这就是前概念[3]。因为影子的现象对于每个孩子都是很熟悉的，所以影子的形成，应该也都有自己的一套解释，所以我的第一个活动就是基于学生前概念，进行了一系列的设计。

　　活动开始，我以猜谜语、手影戏表演的形式导入，可以使学生迅速地集中精神，很快地进入课堂角色中来。追问："现在你最想知道的问题是什么？"学生很自然地就聚焦到了"手影的变化是怎样产生的？"等问题。

　　在引导对问题的探究中进入了第一个探究活动1——影子的产生。

　　首先抛出了第一个问题："影子的产生需要哪些条件？"

　　接着出示两张产生影子的照片，通过观察，让学生猜测影子的产生需要哪些条件，学生很快就猜测出了要有光和物体，但是没有同学想起来还需要一个呈现影子的平面，我在学生的回答中顺着学生的思维，引导出来光源、阻挡物这两个科学概念。特别是在介绍"光源"时是这样做的：追问，"需要光，就应该找到一个可以发光的物体，对吗？"学生举例手电筒、太阳、蜡烛等，我顺势点出了"像太阳这样可以自己发光并且正在发光的物体叫作光源"。并演示手电筒打开发光，是光源，那关上呢？学生发现不再发光了，所以判断不是光源，那么对于刚才光源的举例，怎样表述更加准确呢？学生很快就自我纠正："是打开的手电筒和燃烧的蜡烛才是光源。""那阻挡物的作用是什么呢？"学生只知道是产生影子，并不知道阻挡的是什么。对于呈现影子的屏，学生很多都说不出来。

二、基于儿童科学思维的实验设计

三年级正是学生科学思维发展的关键期，培养学生严谨的逻辑思维能力，培养学生科学的动手操作能力、深刻的观察能力和对现象的分析比较能力，都是科学课的探究目标，同时鉴于又是刚刚进入起步阶段，很多要求又不能一蹴而就，需要每一节课科学规范的逐步渗透，做到润物无声，又严谨严格。那就要老师在平时的教学中，掌握好儿童思维的发展特点，让学生在无形中接触的再微笑的实验，也是充满着科学性、严谨性的探究过程。

了解了学生的前概念，怎样在学生现有的概念基础上，让学生的科学素养得以提高呢？

接着我抛出了第一个环节的第二个问题"只要具备了这两个条件就一定会产生影子吗？利用手电筒和小木块，你觉得怎样设计这个实验，可以证明，你的想法呢？"

很多老师的科学课在这一环节的处理上，常规做法是这样的：让学生先动手体验，然后汇报，"制造影子，你是怎么做的？"学生在描述操作过程中其实就把影子的形成过程说了出来，追问："你发现了什么？"然而这个问题抛出去以后，学生只知道光照在物体上就产生了影子，至于为什么等问题，就说不出所以然了。

从《新课标》的解读中我们发现，科学探究是为了科学核心素养的提高。而对学生进行实验前的学科思维的培养，我觉得正是科学课学核心素养形成的基础。所谓"磨刀不误砍柴工"，我设计的这个操作前的思考和分析的过程，也充分地暴露了学生的前概念水平，所以，使学生发现了很多原来自己知识中的盲点，因为这些知识点正式，生成于学生思维的生长点之上的，所以很多概念和方法的出现也显得水到渠成。比如：通过讨论，首先发现了只有光源和阻挡物不行，还需出现一个可以呈现影子的平面——"屏"。其次，怎样证明三者的摆放顺序？怎样证明三者缺一不可？这些细致的思考，明白了模拟的原理、对象和过程。实验操作也更加严谨有科学性。特别是在汇报的时候，一个小组为了更深入地让同学们体验这个问题，根据现场条件投影仪和幕布，居然让在投影仪前面和后面的同学分别举起了手，"为什么只有前一个同学的手在屏上产生了影子呢？"通过这样简单的对比实验，学生终于意识到了阻挡物的作用是阻挡住光。同时也明白了，阻挡物必须在光源和屏之间。

然后解决第三个问题："影子是怎样形成的？"

在积极的讨论交流和细心的观察中，学生顺理成章地弄明白了影子产生的奥秘。

三、基于儿童探究能力的创新型学具

在本课的探究活动2——"影子的变化"这一教学活动中。在第一个环节的影子形成条件的影响下,我抛出了本结课的第四个问题:"影子形成需要这些条件,你认为要改变影子,那应该改变什么条件呢?"学生自然想到了要改变光源和阻挡物。逐步追问:"你想怎么改变?"引导学生模拟出改变光源的动作,引导出改变光的"照射角度""照射距离"和改变阻挡物的"摆放方式"这三个概念。再次引导为了实验公平,在实验中,如果改变其中一个条件,另外两个条件就要保持不变,从而渗透出对比实验的意识培养。

但是在具体操作中,这样的对比实验对于三年级的学生来说是有难点的,首先是设计实验时思维的跨度加大,课标要求是渗透,但是科学的严谨性来说,在操作时要严格做到,所以实验操作的干扰因素更大,所以很多时候是很难完成三个实验并得出科学的结论的。为此我设计了专用的有结构教具,如右图。(1)半圆形的面板既可以清晰地表示照射角度和方向的变化,又可以控制照射距离的不变。(2)光源操纵杆用伸缩天线构建,可以灵活转动角度还可以拉伸改变光源的远近。(3)操纵杆上放置了夹子,正好适用于物体的竖放和横放,方便描出影子形状的变化。创造性的器材的使用既让学生感受到对比实验中,变量的控制,使探究更加严谨,又解决了三年级学生动手操作能力的不足。而且大大提高了学生的探究兴趣,使实验结果更加容易观察,容易记录,学生很快发现了改变光源和阻挡物给影子带来的方向、长短、大小、形状的变化,大大提高了实验探究的效率。使学生的创新精神和思维能力迸发出火花。

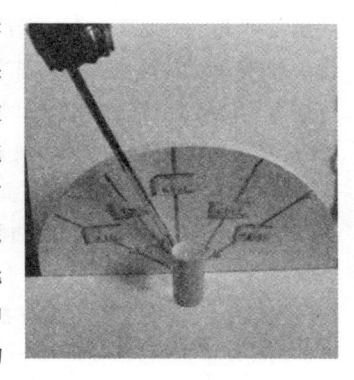

四、基于学生科学实践能力培养的拓展游戏

2022年4月科学《新课标》发布,我们读懂了很多与原课标的理念升华,比如原课标要求我们要带领学生经历科学探究,当科学探究已经成为科学课的必备环节之后,新课标指出,要带领学生经历连贯的又有意义的科学实践活动。

到手影游戏时,怎样有效地利用课堂的有限空间,让手影游戏的创造更加高效有意义。我的创新教具又起到了作用——把这个教具倒过来放在桌面上,原本垂直照射的光源,现在变成了水平照射,把光源拉到最远,打开遮挡面板,露出一块幕布,可以供小组模拟手影的变化,感受手影戏的魅力。本次体验效果很好,有的学生利用手和头发,模拟出了悠闲的鸵鸟,有的学生边模拟物象边讲述起了故事……这个游戏让学生学以致用,利用所掌握的原理,不但改变了影子的形状,还很好地展示了影子的方向、长短和大小的变化,整个实践活动,全体学生观察都在科学探索活动中体验到了成功的乐趣,培养了自信心。

五、基于STEM理念的项目化延伸

STEM理念下的项目式教育就是融合科学(Science)、技术(Technology)、工程

（Engineering）、数学（Mathematics）甚至艺术（Art）融合在同一个主题性的活动里。通过不同的探究环节培养学生的科学素养、工程素养和技术素养。比如学校想在校园的人工池塘的某处建一座小桥，我们如果做这样的一个项目式活动，首先要组织学生通过观察和思考，完成一张桥的设计图。然后，通过"科学"不断的检验假说，推翻错误，一点一点地弄明白在自己探究的这个活动中什么样的桥梁结构是最稳固的；然后利用"工程"中科学的原理去解决问题，比如在建模实验中，思考怎样设计让出行更方便，让路人更安全，怎样安排更省材料；"技术"则是在做这个桥梁模型时所要用到的测量技术和相关设备和工具，以及对设备的研发和使用；"数学"则是贯穿在每一个环节之中，因为对数据的计算、分析是上述所有内容的基础。怎样让这座桥更美观，更体现学校师生的精神风貌，这又涉及了"艺术"的范畴。

那么怎样的 STEM 活动设计才是学生在科学课最需要的？其根本就是教师要了解我们的学生，要熟悉他们的身心发展规律，了解他们的兴趣点所在位置，掌握他们学习的基础和现有能力来设计我们的课题环节，为他们的日后学习和终身发展打下牢固的基础。因此，科学课中关于 STEM 理念下的活动环节的教学设计一定要基于儿童的身心特点和探究能力来安排。

经过本节课的探究，学生掌握了影子形成的原理和变化的因素，又在实践活动中激起了浓厚的创造手影的兴趣，课后作业做什么呢？我安排了创建"皮影戏"的项目化活动。

活动要求：

1. 了解皮影戏的原理。

2. 感受皮影戏的演出特点。

3. 小组合作编写一则 3 分钟以内的皮影小故事。

4. 小组合作自己制作皮影戏人物和演出相关道具。

5. 成果展示，以小组为单位，展示属于我们自己的皮影故事。

6. 项目完成时间 2 周，两周的时间，学生查资料，编剧本，做任务，练习演出，认为这个过程才是整个科学教学活动中真正展现科学核心素养提高的天花板，它展现了学生的学习能力、动手操作能力、创新能力、分工合作能力，舞台小天地，但是这个小天地，让家长老师还有学生自己都看到了光辉灿烂的未来。

参考文献

[1] 科学教师教学用书 [M]. 北京：教育科学出版社，2021.

[2] 科学教师教学用书 [M]. 北京：教育科学出版社，2021.

[3][英]罗莎琳德·德赖弗. 儿童的科学前概念 [M]. 上海：上海科技教育出版社，2008.

注：此文发表于《小学科学》2023 年 3 月（年第 3 期）

运用项目化学习主，建构科学高效课堂

睢宁县第三实验小学　房玉荣

【提要】小学阶段是学生成长的重要时期，教师在进行课堂教学时，需要对学生思维能力加强重视，科学教师在开展教育工作时，需要强化学生科学思维培养，确保能够实现学生科学素养的有效提升。本文首先论述小学科学教学培养学生科学思维的意义，然后综合探究课堂教学策略。

【关键词】小学；科学教学；培养科学思维

引言：在小学阶段实施科学课程教学时，培养学生科学思维具有重要价值，教师需要对其进行深入分析，结合科学课程内容组织教学活动，确保能够实现学生事物认知能力的有效增强，使学生能够充分应用课堂所学知识，强化学生科学素养，使素质教育得到更大的发展。

一、小学科学教学培养学生科学思维的意义

（一）强化学生事物认知能力

在培养学生科学思维时，科学素养的有效培养具有重要价值，通常情况下，如果想要对学生科学思维进行有效衡量，需要对学生知识储备量进行深入分析，确保学生可以基于辩证视角分析具体事物，观察问题并对其进行深入思考，寻求解决途径，确保学生能够更为高效地完成探究性任务和学习任务。所以，教师在具体开展科学教学需要培养学生科学思维，对其教学目标和教学内容进行合理优化，使学生能够更为全面地认识具体事物，实现学生科学态度的有效培养。

（二）深入感受科学知识

在现实生活中，存在很多科学知识，学生在日常生活中可能会对各种生活现象产生疑惑，深入探究相关疑惑点。在科学领域，教师需要引导学生深入探究科学知识和生活现象的联系，确保能够有效培养学生科学思维。在现阶段开展科学教学时，教师需要引导学生进行实践探究，使学生在实践过程中具有更为深刻的感受，对科学知识进行深入探究，进而保证学生能够更为充分地了解科学，对各种科学现象进行深入探索。

（三）强化学生探究兴趣

小学阶段是学生成长发育的重要时期，对周围事物的好奇心相对较强，生活中的巧妙现象会对学生兴趣进行有效吸引，使学生对自然的魅力具有充分的感受，进而实现学生学习兴趣的有效增强，但是，学生兴趣无法长时间持续，教师需要对其进行科学引导，使学生在学习探究方面具有更大的热情，有效结合科学课程的严谨性和趣味性，对学生进行有效引导，使

其对学习的乐趣具有更为充分的感受，实现学生学习效率的全面提升。

二、小学科学教学培养学生科学思维的具体策略

（一）创设问题情境，提出问题

科学科目的实践性相对较强，对学生思维能力和实践能力具有较高要求，小学教师在具体开展科学课程教学，需要合理优化教学方式，对学生进行科学引导，引导学生进入具体问题情境，使学生对科学的魅力具有更为深刻的体会。教师需要对学生进行真实情境的合理措施，确保学生能够走近科学世界，在科学学习中，能够及时发现问题并对其进行更为深入的思考，制定解决策略，能够有效提升学生思维能力[1]。例如，在《保护生物多样性》教学中，教师需要在课堂上播放短视频，在视频中向学生展示各种生物，然后将灭绝或濒临灭绝的生物逐渐隐去，使学生体会生物灭绝可能造成的严重后果，进而确保能够使学生明确对生物多样性进行有效保护的必要性和紧迫感，引导学生进行集中思考提出问题并针对问题展开讨论，提高学生的思维能力和深入探究的能力。可以使学生思维得到充分的提升，强化学生思维能力。

（二）设置趣味提问，引导深入思考

在现代教育教学中，问题教学法是较为常见的一种教学方式，科学教师在实施课程教学时，可以通过创设问题情境和提出课堂问题，引导学生抓住问题进行知识探究，确保学生能够充分掌握相关技能，使学生具有更高的创造性思维。教师在对问题教学法进行具体应用时，需要抓住科学课程的教学特点，先向学生提出具体问题，引导学生进行深入分析，确保学生能够有效解决相关问题，使学生在科学课堂学习中具有更高的创造性。与此同时，教师在设置问题时，还需要确保其趣味性，联系学生现实生活，使学生能够主动参与课堂学习。例如，教师在进行《多种多样的动物》一课教学时，为了对学生科学思维进行有效培养，教师需要对问题教学法进行合理应用。在进行新课导入时，需要对学生进行提问：大家知道哪些动物？大家有没有过养动物的经历？然后引导学生独立思考，并对其进行深入探究，使学生之间相互沟通交流，确保学生能够积极发表个人见解，对学生思维进行有效启发。随后，教师还需要合理应用多媒体技术向学生展示动物的视频或图片，使学生对不同脊椎动物的脊椎特点、生理构造和生活特性具有充分了解，进而保证学生能够充分了解脊椎动物的特点。然后对学生进行提问：大家有没有见过脊椎动物？是否能够将动物的脊椎画出来？然后利用该问题进行课堂教学的全面统筹，在学生分析和解决问题时，教师首先需要引导学生用手触摸同伴的脊椎，使学生对脊椎特点具有初步认知，然后引导学生共同制作脊椎模型，对脊椎的作用进行深入研究。脊椎模型应用可以使课堂教学具有更高的趣味性，同时，还可以使学生在实践活动中充分发挥个人思维，对其归纳总结能力进行有效锻炼[2]。

教师在具体落实课堂教学时，不仅可以在课堂上进行探究问题的提问，还需要对学生主体地位加强重视，引导学生结合课堂内容进行提问，强化学生自主学习。此时，教师可以应用翻转课堂，针对教学内容制作微课视频，要求学生在课堂学习之前进行预习，确保学生能够初步掌握相关知识点，确定自己在自主学习中出现的各项问题，使其在课堂学习中具有更高的方向性。教师在具体进行课堂学习时,还需要引导学生提出自己在预习中出现的问题,并组织其他同学共同探究,实现探究性情景的合理营造。在学生探究问题时,教师需要对其进行客观评价,强化赏识教育,使学生在课堂学习中具有更大的自信心,能够主动参与课堂探究。

(三)运用多种教学方式,促进思维提升

首先,可以组织学生开展知识竞赛,对学生思维探究的积极性进行有效激发,实验操作是巩固基础知识的主要途径,科学教师通过组织开展竞赛活动,可以对学生学习兴趣进行有效激发,活跃学生大脑思维对学生科学思维进行有效培养。此时,科学教师还需要鼓励学生共同参与科学技术小组,进行小型植物的种植和管理,确保学生能够自主获取相关资源。与此同时,教师还需要组织开展趣味竞赛,例如,知识、演讲、手抄报、科学发明等多种竞赛活动,趣味竞赛活动的有效开展,可以对学生科学兴趣进行有效激发,使学生积极参与课堂学习,强化学生科学思维。其次,教师还需要强化学生思维技巧训练,确保能够实现学生科学思维的有效培养,使学生能够掌握正确思维方式。此时,教师需要充分应用各项教学资源,组织学生开展思维训练,使学生思维具有更高的敏捷度,强化学生科学思维的培养。例如,教师在进行八颗行星的教学时,可以引导学生通过观察、分析和归类等方式学习科学知识,确保学生能够充分掌握八颗行星的具体情况,通过有效落实思维技巧训练,可以使学生思维方式得到有效锻炼,对其科学思维进行有效培养。

(四)营造和谐课堂,活跃学生思维

小学教师在组织科学教学,需要对学生思维能力加强重视,引导学生基于科学视角分析各项事务,确保学生之间能够进行有效的交流互动,引导学生主动探索科学知识,确保学生能够及时发现科学并对其进行深入探究。此时,教师需要进行和谐课堂氛围的合理营造,确保能够使学生在课堂学习中进行有效的交流互动,从而实现学生科学思维的有效拓展,强化学生思维效率[3]。在学生基本探索结束之后,教师还可以引导学生针对具体问题进行深入探索,分析问题解决方法,使学生思维层面的不足得到有效弥补,对学生思维框架进行科学完善。例如,教师在进行《厨房里的物质与变化》一课教学时,需要进行和谐课堂氛围的合理营造,组织学生以"厨房里的物质变化"为话题进行小组讨论。此时,教师需要对学生进行科学引导,引导学生基于科学角度分析各种物质变化,使学生能够充分了解各种物质变化的原因,强化学生科学思维。

(五)应用赏识教育,激发大胆思维

科学教育具有较高的情感化、自主化、活动化和生活化,赏识教育的有效应用可以强化师生情感,教师在具体落实课堂教学时,需要及时肯定学生主动表现自主思考的行为,鼓励学生积极表达个人观点,自主设计实验,确保学生能够主动参与课堂学习,通过该种方式能够拉近师生距离,对课堂氛围的和谐性进行有效保障,这种氛围的营造可以强化学生思维能力,提升学生问题思考速度,确保学生能够主动提升个人思维能力,使教师和学生得到更大的收获。例如,教师在进行《形形色色的植物》一课教学时,鼓励学生自主设置探究实验,预想实验结果。确保学生思维积极,可以使其方案设计具有更高的创新性,同时,教师还需要鼓励学生积极分享自己在实验过程中的思考和想法,对学生表达能力和自信心进行有效培养。此时,教师可以鼓励学生结合个人兴趣种植不同花卉,并对其成长过程进行深入观察和严格记录。教师的肯定和鼓励,可以对学生思维踊跃进行有效保障,使学生能够基于多元角度分析问题,提升学生的思维能力。

（六）强化教学拓展,延伸科学思维

小学教师在引导学生进行科学学习时,需要对科学知识进行有效延伸,使学生对科学的魅力具有更为深刻的感受,所以,教师需要对科学知识进行有效延伸,使其教学知识能够有效结合学生现实生活,基于科学角度分析现实问题,对现实生活中的各项问题进行更为有效的解决,实现学以致用。教师在进行科学知识讲解的过程中,还需要合理应用生活中的科学现象,确保能够对学生进行更为有效的引导,对科学知识进行有效延伸,并对课堂所学知识进行综合性的应用,确保可以使实际问题得到更为充分的解决,实现学生学习视野的有效拓展,强化学生科学思维[4]。例如,教师在进行《保护生物多样性》一课教学时,可以在课堂上利用PPT展示各种生物之间的互动,然后还需要向学生展示肆意破坏自然可能造成的后果,引导学生对不同图片进行综合探究,体会环境恶化可能造成的严重后果,强化学生环保意识,确保能够对生物多样性进行更为有效的保护。课后也进行适当的拓展,把学生的科学思维延伸到课外,时刻养成科学思维的习惯。采取措施有布置学生课后写观察日记提出要研究的问题。每周写一篇小论文学会用证据,实验解释生活中的现象和自己提出的问题。让学生无论在课堂上还是在课外都能用科学的眼光看世界,养成科学思维的习惯,长此以往,科学思维能力得到有效的提升。

三、结束语

在小学阶段实施科学课程教学时,通过创设教学情境,设置趣味提问,丰富教学方式,营造和谐课堂,应用赏识教育,强化教学拓展,可以对学生科学思维进行有效培养,确保学生能够主动探究生活中存在的各种科学现象,强化学生认知能力,使学生能够基于科学角度分析各种生活现象,提升学生思维能力。

参考文献

[1] 彭心声. 借助科学课深度学习培养学生思维品质 [J]. 小学科学:教师,2020(10):1.

[2] 林锦霞. 如何在小学科学教学中培养学生的思维品质 [J]. 西部素质教育,2021,7（16）:3.

[3] 陈功. 科学课开发学生智力:小学生科学思维品质的培养措施 [J]. 教育（周刊）,2020（1）:1.

[4] 夏欢. 关于小学科学教学中培育学生思维能力的思考 [J]. 读与写:上旬,2021(12):52.

注：此文发表于《校外教育》2022年1月（年第1期）